KB267044

자녀양육을 매개로 한
범죄성의
세대 간 전이

A Study on the Intergenerational Transmission of Criminality

자녀양육을 매개로 한

범죄성의 세대 간 전이

이 희 길 지음 |

범죄성의 세대 간 전이가
어떤 메카니즘을 통해 이루어지는가를 이해하기 위해,
이책에서는 부모의 자녀양육 방식을 매개로 한 세대 전이를 규명해 보고자 한다.

한국학술정보㈜

머리말

　"아이들이 자라서 자녀를 낳게 되면 또 그 아이도 입소자가 될까 두렵다"는 교정현장 관계자와의 좌담회에서 나온 이야기에서 본 연구는 출발했다. 청소년과 함께하는 동안 가족의 중요성을 절감했다. 교정현장에서 가족이 붕괴된 아이들을 쉽게 볼 수 있다. 이들을 "끈 떨어진 연"에 비유된다. 뿌리 없는 아이들이다. 그들의 등 뒤에 보이는 아이의 마음에서 사라져버린 부모들을 보았다. 자녀의 마음에서 사라진 부모들은 때론 폭력적이거나 방임의 형태를 주로 띤다. 부모가 얼마나 가졌나보다 자녀의 마음에 실제로 존재하는가가 자녀의 삶에 더 중요했다. 즉, 본질은 부모자녀의 관계이다. 이 연구의 핵심적 내용도 이런 것들이다.

　자녀가 온전한 삶을 살아가기 위해서는 자녀를 진심으로 아껴주고, 자녀의 행동을 감독하고, 잘못된 행동에 대해 알아내어 적절한 제재를 가할 수 있는 부모가 있어야 한다. 상식과는 달리 문제를 가진 부모들은 자녀를 진심으로 사랑하지 않거나, 자녀가 언제 어디서 무엇을 하고 있는지 알지 못하고, 자녀의 잘못된 행동에 대해 인지하지 못해 적절한 제재를 가하지 못한다. 이런 부모들은 자녀의 마음에 존재하지 않는 부모들이다. 부모가 자녀의 마음에 존재하지 않는다면, 그 자녀는 거리낄 것이 없다. 허용되지 않는 행동이 없는 것이다.

범죄성이 있는 부모의 잘못된 자녀양육을 통해 부모와 자녀 사이에 범죄가 대물림된다는 주장을 본 연구에서 검증하고 있다. 이를 위해, 가족을 통한 범죄전이 현상과 관련하여 전이 실태와 관련된 선행연구를 검토하였다. 그리고 범죄전이의 매개체가 무엇인가를 두고 인과적 설명을 시도한 해외의 연구성과를 검토하였다. 그런 다음, 전통적으로 가족요인을 중시해온 통제이론에도 갓프레드슨과 허쉬의 자기통제이론(self control theory)에 입각해서 분석틀을 구성하고, 이에 대한 경험적 검증을 시도하여 범죄성의 대물림 현상에 대한 자기통제이론의 설명가능성을 제시하고 있다.

늦은 공부를 도와주신 정창수 선생님과 민수홍 선생님께 감사드린다. 그리고 나지막해서 더 높은, 가족의 숨은 배려가 없었다면 적은 결실도 쉽지 않았을 것이다. 감사드린다.

2007년 10월

차 례

I. 서론

제1장

서론

제1절 연구목적

비행 청소년을 대상으로 현장에서 교정업무를 담당하는 관계자나 일반인들은 흔히 비행 청소년의 뒤에는 항상 문제 가족과 문제 부모가 있다고 주장한다. 경험에 기반을 둔 이들의 지극히 당연한 주장에도 불구하고 아직도 사회학에서는 청소년 비행이나 범죄의 원인을 가족에서 찾는 노력이 부족한 것이 현실이다. 그 이유는 일반적으로 가족의 기능은 비행과 범죄를 유발하기보다는 친사회적 행동을 강화하는 인습적인 사회적 요인으로 간주되기 때문이다. 이와 관련해서 허쉬(Hirschi, 1983: 54)는 "근대 범죄이론은 가족에 초점을 두는 범죄 설명과는 직접적으로 상반되는 형이상학을 수용하고 있다. 그것은 부당하고 잘못된 제도의 작용 없이는 개인들이 범죄자가 되지 않을 것이라는 가정이다. 이러한 가정에 기초해서는 가족에 기반을 둔 범죄설명은 도출되기 어려운 것이다"라고 지적하고 있다. 즉, 행위자 외부에 존재하는 계층제도나 하위문화, 비행 또래친구와 같은 것에 의해 동기나 자극이 주어져야만 범죄가 발생하는 것으로 이해하는 경우, 범죄를 억제하는 기능을 담당하는 것으로 여겨지는 가족에서 범죄 원인을 발견하려는 시도는 이루어지기 어렵다는 것이다.

사회학이 초기부터 가족 외적인 거시적 관점에서 청소년 비행의 원인을 찾았던 것은 아니다. 윌킨슨(Wilkinson, 1974, Empey, 1982에서 재인용)에 따르면, 19세기에 미국인들은 청소년 문제행동의 원인을 결손가정과 같은 가족해체에서 찾았다. 결손가정(broken homes)과 비행 사이에 관계가 있다는 이러한 주장은 1930년대에 이르기까지 사회학자들 사이에서 광범위하게 수용되었다. 특히 농촌 출신 연구자들은 이혼과 자녀유기를 사회적 안정에 대한 심각한 위협으로 받아들였다. 이러한 시각은 당시에 수행된 연구들을 근거로 하였으나, 이 연구들이 여러모로 결함을 안고 있었던 것으로 미루어 볼 때 그들의 주장의 배경에는 당시에 유행하던 신념에 의한 영향이 중요한 요인으로 작용하고 있었던 것으로 여겨진다. 이와는 대조적으로, 그 이후부터 1950년에 이르는 시기 동안 도시에서 성장한 초기 사회학자들은 가족 중심의 설명을 거부하는 경향을 보였다. 그 이유는 당시 사회학자들은 가족 중심의 설명이 과학적 엄격성이 부족하다고 보는 한편, 이혼과 당시 사회변화를 심각하게 보지 않았기 때문이다. 아울러, 가족에 의한 설명을 심리역동적 설명으로 간주함으로써 사회학적 시각을 강조하는 입장에서 강한 거부감을 느꼈기 때문이다. 이어서 1950-60년대에 가족에 대한 관심이 새롭게 대두된 적이 있으나, 크게 주목을 끌지는 못하였다. 그 이유는 비행을 설명하는데 붕괴된 가족에 의한 영향보다는 하층계급의 소속감이나 비행동료의 영향을 강조했기 때문이다. 이는 당시 사회학자들이 사회계급이나 하위문화와 같은 거시적인 사회적 요인을 중시한 결과이다.

하지만 가족은 초기 사회화의 담당자로서 자녀의 물질적, 정신적

세계에 지대한 영향을 미친다는 점에서 자녀의 범죄현상의 설명에도 중요한 역할을 점하리라는 것은 당연히 짐작될 수 있는 사실이다. 이는 경험적 연구들을 통해서도 쉽게 확인할 수 있다. 범죄학의 기존 문헌을 통해 "범죄는 가족을 통해 지속된다(crime runs in families)"는 명제는 널리 알려져 있을뿐더러 그것을 입증하는 경험적 연구결과들도 상당한 정도로 축적되어 있다. 범죄성 역시 사회계층이 그렇듯이 세대를 통해 전이된다는 것이다. 즉, 인구층에서 특정 가족이 차지하는 비율에 비해 훨씬 높은 비율로 그 특정 가족에 범죄가 집중되고, 이는 부모가 범죄자인 경우에 자녀 역시 범죄자가 됨으로써 범죄의 세대 간 전이 현상이 나타남을 의미한다. 범죄계급 혹은 위험계급[1]은 바로 이러한 가족집단을 지칭하는 용어로 사용되어 왔다(Hagen and Palloni, 1990). 이에 관해서는 다음 장에서 자세히 기술될 것이다. 그러나 우선 간단히 예를 들어 설명해보자면, 영국 런던에서 종단연구를 수행한 캠브리지 연구 결과에 따르면, 6%의 가족이 조사대상 전체 가족 구성원이 저지른 범죄의 50%를 설명하고, 또한 부모와 형제자매 중 범죄자가 있을 경우 그 가족의 조사대상 자녀들은 정상적인 수준을 넘어 범죄에 관여하는 것으로 나타났다. 그리고 아버지가 전과자인 경우 자녀도 전과자가 될 가능성은 63%로 그렇지 않은 경우의 19%와 뚜렷한 대조를 보여, 특정 가족에서 범죄의 집중과 범죄의 세대 간 범죄전이 현상이 경험적으로 확인되고 있다(West and Farrington, 1977). 범죄학 외의 영역인 가족학에서의 연구 역시 출생가족(family of origin)에서 어머니를 대상으로 한 아버지의 폭력이나 부모에 의한 자녀구타, 즉 가족폭력을 경험한 자녀는 이후

---

1) 하겐과 폴라니(Hagen and Palloni, 1990)는 범죄계급(criminal class)을 그 집단 내에서 범죄가 집중되고, 세대를 이어 범죄가 재생산되는 계급을 지칭하는 용어로 사용하고 있다.

구성한 가족에서도 부부간 폭력을 저지를 가능성이 크다는 사실을 보여준다. 즉 가족폭력의 세대 간 전이 현상은 매우 일관되게 경험적으로 검증되어 왔다(Kalmuss, 1884; Alexander et al., 1991; Foshee et al., 1999).

그러나 가족을 통한 범죄의 세대전이 현상을 뒷받침하는 비교적 일관된 연구 결과에도 불구하고, 그 과정을 설명하고자 하는 노력은 상대적으로 취약한 상태에 놓여 있다. 즉, 범죄의 집중과 세대 간 전이가 이루어지는 구체적 과정을 설명하기 위한 체계적인 이론의 개발은 아직 만족할 만한 수준에 이르지 못한 상태에 있다는 것이다(Hagen and Palloni, 1990). 그 이유의 하나는 기존의 경험적 연구들이 체계적 이론 틀 위에서 수행되었다기보다는 여러 가능한 요인들을 모두 투입하여 각각의 요인이 갖는 설명력을 탐색하는 차원에 머물러 있기 때문이다. 범죄의 세대 간 전이가 어떤 메커니즘을 통해 이루어지는가를 이해하기 위해서는, 범죄학의 경쟁하는 이론들에서 범죄의 세대 간 전이 과정에 작용하고 있다고 각기 주장하는 요인들의 효과를 비교 분석하기 위한 보다 체계적인 연구들이 요구된다. 이에 따라 본 연구는 가족을 통한 범죄성의 세대 간 전이 현상, 즉 부모의 범죄성이 자녀에게로 전이되는 과정을 설명하는 데 매우 유력한 하나의 매개 과정을 중심으로 경험적인 연구를 수행하는 데 주된 목적을 두고 있다.

이를 위해, 본 연구에서는 먼저 가족을 통한 범죄전이 실태와 그러한 전이 과정을 규명하고자 수행된 기존 연구들을 검토하게 될 것이다. 이를 통해, 부모의 범죄성이 자녀에게 실제로 어느 정도 전이가 발생하고 있는지, 그리고 범죄성의 세대 간 전이가 이루어지는 과정에 대한 인과적 설명을 시도한 기존 연구들을 검토할 것이다.

그런 다음에 본 연구에서는 앞에서의 검토를 통해 가족을 통한 범죄의 세대 간 전이 현상을 설명하는 데 가장 유력한 이론을 제공하고 있는 것으로 평가된 자기통제이론과 함께 이 이론에 토대를 두고 이루어진 경험적 연구들을 살펴볼 것이다. 이와 같은 일련의 검토를 통하여 본 연구에 적합한 분석모형을 구성하고 이를 경험적으로 검증하는 절차를 밟게 될 것이다.

제2절 연구의 의의

본 연구의 의의는 우선 가족을 통한 범죄의 세대 간 전이 현상에 대한 국내의 연구가 매우 드물었다는 점에서 찾을 수 있을 것이다. 범죄의 세대 간 전이 현상은 일반인의 경험이나 통념에도 잘 부합하거니와 외국에서는 경험적 연구들을 통해 일정한 성과가 축적된 주제이다. 반면에 국내에서는 선행 연구가 거의 전무한 실정이며, 아마 이는 국내에서 역시 범죄학 분야에서 가족의 역할에 대한 관심이 부족했다는 것을 반증하는 것으로 여겨진다. 따라서 이 분야와 관련된 외국의 연구성과를 소개하고, 이 현상을 경험적 연구를 통해 접근하려는 시도 자체로도 이 연구는 의의를 지닐 것으로 여겨진다.

또한 세대 간 범죄전이 현상을 주제로 한 기존 연구들은 아직도 탐색적인 단계에 머물러 있고, 따라서 부모의 범죄가 자녀에서 재생산되는 과정에 대한 체계적인 이론적 논의가 충분히 이루어지지 않고 있다는 사실에서 본 연구의 두 번째 의의를 찾을 수 있을 것이다.

즉, 이 연구는 기존의 연구 성과를 검토하고, 이에 기초해서 보다 체계적인 이론적 자원을 토대로 이 현상에 대한 접근을 시도한다는 점에서 의의를 찾을 수 있을 것이다. 본 연구의 주된 이론적 자원으로서는 갓프레드슨과 허쉬의 자기통제이론(Goffredson and Hirschi, 1990)이 활용될 것이다. 자기통제이론은 1990년에 발표된 이래 많은 관심이 모았고, 경험적 검증들이 이루어진 바 있다. 그러나 범죄의 세대 간 전이 현상에 이 이론을 적용한 사례는 아직 목격되지 않고 있기 때문에, 본 연구는 자기통제이론의 적용대상 영역을 확장한다는 점에서도 의의를 지닐 것이다. 또한 자기통제력이 야기하는 결과는 상대적으로 잘 알려져 있으나, 자기통제력의 생성 원인에 대해서는 상대적으로 잘 알려져 있지 않고 또한 충분한 연구가 진척되지 않았다(Hay, 2001)는 점을 고려하면, 이 연구는 자기통제력의 생성 원인 규명에 나름의 기여를 할 수 있을 것으로 판단된다.

마지막으로 가족을 통한 세대 간 범죄전이 현상의 메커니즘에 대한 인과적 설명이 설득력을 갖는다면, 이에 대한 연구 결과는 형사정책에 대해 중요한 실천적 함의를 갖는 것으로 예상된다. 이는 자기통제력의 생성과정에 대한 이해가 범죄성이 있는 부모가 있는 가족을 대상으로 하는 자녀의 범죄를 사전적으로 예방할 수 있는 정책적 시사점을 제시할 수 있을 것이기 때문이다. 특히 가족에 기초한 범죄 정책이 부족한 현실에서, 가족을 통해 범죄의 확산을 사전에 예방할 수 있는 방안을 제시할 수 있다면 범죄예방을 위해 매우 중요한 의의가 있을 것으로 여겨진다.

제3절 연구의 구성

서론에 이어 제2장의 이론적 논의를 다루는 장에서는 먼저 범죄의 세대 간 전이 현상에 대한 기존의 외국의 경험적 연구 성과를 살펴볼 것이다. 특히 국내에서는 아직 체계적인 연구가 없는 관계로, 범죄의 특정 가족 집중 현상과 세대 간 범죄전이 현상에 관하여 외국의 연구를 통해 밝혀진 실태를 상세하게 기술할 것이다. 이와 함께 세대 간 범죄전이 과정에 작용하는 원인들에 대한 검증을 시도한 선행 연구들을 검토할 것이다. 그런 다음, 본 연구에서 적용하고자 하는 이론인 갓프레드슨과 허쉬의 자기통제이론의 내용을 요약해서 개관하고, 이 이론을 통하여 세대 간 범죄전이 현상이 어떤 방식으로 설명될 수 있는가에 관해 살펴보게 될 것이다. 본 연구에 적용될 이론적 분석모델과 연구 가설들은 선행연구의 결과와 자기통제이론에 관한 이상과 같은 검토 결과를 토대로 구성될 것이다.

제3장의 연구방법에서는 자료수집 및 분석방법, 그리고 연구에서 활용되는 주요 변수의 측정방법과 기술통계, 그리고 연구에서 활용되는 여러 척도에 대한 신뢰도와 타당도의 분석 결과를 제시할 것이다. 본 연구에서는 기존에 다른 연구목적으로 수집된 이차자료(secondary data)를 활용하기 때문에, 특히 자료활용에서 발생하는 문제점과 이로 인한 본 연구의 한계점도 동시에 지적될 것이다. 제4장 조사결과 분석에서는 자료분석을 통해 분석결과들을 집계 정리하고, 그에 토대한 연구 가설들의 검증을 수행할 것이다. 마지막 결론에서는 이 논문의 주요 결과를 요약하고, 그 결과가 갖는 이론적 의의나 정책적 함의, 그리고 본 연구의 한계점과 향후 연구방향에 대해 지적할 것이다.

II. 이론적 논의 및 연구모형 구성

제1절 선행연구 검토

범죄학에서 종단연구를 통해, 유죄판결을 받은 범죄가 세대 간에 어떻게 전이되는지를 밝힌 연구는 오래전부터 진행되어 왔다. 따라서 여기서는 범죄학의 기존 연구 성과를 중심으로 세대 간 범죄전이 현상이 실제로 어떻게 발생하고 있는가에 대한 실태를 먼저 기술하고자 한다. 그 다음에 기존 연구에서 제시하고 있는 세대 간 전이 현상에 대한 인과적 설명을 시도한 연구들의 결과를 살펴보는 순으로 선행연구를 검토해 보고자 한다.

1. 범죄성의 세대 간 전이 실태

범죄학 분야에서 "범죄는 가족을 통해 지속된다"는 사실은 오래전에 영국에서 먼저 알려졌다. 초기 연구로는 퍼거슨(Ferguson, 1952)이 진행한 비행자와 비비행자의 종단적 비교연구가 있다. 퍼거슨의 연구에서는 12세에 학교를 그만둔 14세 1,349명의 소년 중에서 18세까지 12%가 유죄판결을 받은 것은 것으로 나타났는데, 흥미롭게도 유죄판결을 받은 경험이 있는 가족 구성원이 많을수록 범죄를 저지른 소년의 비율이 급속히 증가하는 현상이 발견되었다. 전과자가 없는 가족의 경우 9%의 소년이 전과가 있었으나, 한 명의 전과자가 있으면 15%, 두 명인 경우 30%, 세 명 이상인 경우는 44%가 전과자가 되는 것으로 나타났다. 가족 구성원 중에서도 특히 아버지가 전과가 있는 경우 조사대상 소년이 유죄판결을 받을 가능성은 24%, 형이 있는 경우는 33%, 남동생이 있는 경우는 38%에 달했다. 나아가 "당시 범죄와 관련이 있는 것으로 알려진 나쁜 주거환경, 많은 가족수, 낮은 학업성취, 결손가족, 아버지의 직업지위, 어머니의 취업과 같은 변수와는 독립적으로 전과가 있는 가족 구성원의 수는 소년의 비행을 예측하는 것으로 나타났다"(Ferguson, 1952: 67). 이러한 결과에 기초해서, 퍼거슨은 전과가 있는 가족구성원의 수는 다른 어떤 요인만큼 소년의 범죄에 강한 영향을 미친다고 결론짓고 있다.

비교적 최근에 영국에서 진행된 연구로는 버밍햄에서 자녀가 4명 이상이고 그중 2명 이상은 남아인 온전가정(intact family) 120 표본을 연구한 윌슨(Wilson, 1987)의 연구를 들 수 있다. 조사대상 가족의 47%에서 부모 중 한 명은 범죄경력이 있었는데, 범죄경험이 있는 어머니의 60%는 전과자 아버지와 살고 있었으나 범죄경력이 있는 아버지의 20%만이 범죄경험이 있는 어머니와 살고 있었다. 그리고 부모 중 한 명이라도 범죄경험이 있는 가족(56 가족)의 경우 아들(180명)의 45%가 유죄판결을 받았으나, 나머지 가족(64 가족)에서는 남아의 19%만이 유죄판결을 받은 것으로 나타나, 부모의 범죄성이 자녀에게 전이되는 현상이 발견되었다.

범죄의 세대 간 전이 및 특정 가족에의 범죄 가해자 집중 현상에 대한 중요한 발견은 영국의 캠브리지 연구(Cambridge Study in Delinquent Development)에서 이루어졌다(Farrington et al, 1975; Farrington, 1995; Farrington et al, 1998; Farrington et al, 2001). 이 연구는 남 런던 노동자 계급을 대상으로 411명의 8-9세 소년을 46세까지 추적하여 종단연구를 실시한 것이다. 최초 접촉은 1961-2년 사이에 조사대상 지역 내 8-9세 연령의 6개 초등학생 전부를 표집하여 이루어졌다. 본래 이 연구의 목적은 소년들의 비행 및 범죄 행동의 발달 과정을 기술하고, 성인범죄자로 전이 여부를 설명하는 것이었다. 즉, 연구의 초점은 생애사건이 소년의 발달에 미치는 효과와 미래행동을 예측하는 것이었다. 이 연구는 특정이론을 검증하기 위한 것이 아니라, 가해 행동의 원인 및 관련 요인들을 발달과정에 따라 다각적으로 추출해 내는 것이 주된 연구 목적이었다(Farrington, 1995).

이 연구에서도 부모나 형제자매가 범죄자인 경우 소년 자신의 범죄 여부를 잘 예측하는 것으로 나타났다. 가족 구성원의 모든 범죄는 조사대상 소년에 대해 독립적인 예측력을 갖는데, 동성인 경우 이성에 비해 관계가 더 강하고 손위인 경우 손아래에 비해 더 강한 예측력을 갖는 것으로 나타났다. 구체적으로, 아버지가 범죄경력이 있는 소년의 63%가 범죄경력이 있으나 그렇지 않은 경우 30%만이 범죄 경력이 있었다(Odds Ratio[2]=3.9). 전과가 있는 어머니의 경우 (OR=2.8) 아버지에 비해 상대적으로 약한 관계를 보였다. 또한 형이 전과가 있는 경우(OR=4.3)에 비해 남동생이 전과가 있는 경우

---

2) 범죄의 세대 간 전이를 연구한 학자들은 분석기법으로 Odds Ratio를 주로 이용하는데, 이는 이산변수를 주로 다루고 또한 다른 통계치에 비해 일반인이 쉽게 이해할 수 있기 때문이다.

(OR=3.4) 예측력이 상대적으로 약하고, 동일하게 전과가 있는 여동생(OR=1.9)에 비해 누나가 전과가 있는 경우(OR=4.1)에 더 강한 관계가 있는 것으로 나타났다. 또한 전과자 형제는 전과 자매와 동시에 목격되는 경향이 있고(OR=5.2), 전과자 어머니는 전과자 아들(OR=1.9)보다는 전과자 딸을 두는 경향(OR=6.4)이 더 강했다. 반대로 전과자 아버지는 전과자 딸을 두는 경우(OR=2.6)보다 전과자 아들을 두는 경향(OR=4.0)이 강했다.

캠브리지 연구에서 밝혀진 흥미로운 결과의 하나는 부모와 조사대상 자녀 부부 모두에서 부부간에도 범죄성의 유사성이 발견된다는 점이다. 이들 소년이 성장하여 결혼한 관계를 보면, 전과가 있는 여성과 결혼한 남성의 경우 83%가 전과가 있었으나 범죄경력이 없는 여성과 결혼한 남성은 35%만이 전과경력이 있었다(OR=9.3). 이와 유사하게 부모 간 범죄경력도 강한 관계가 발견되었다. 전과가 있는 어머니와 결혼한 아버지의 경우 61%가 전과자였으나 비전과 어머니와 결혼한 아버지의 경우 전과자가 23%에 지나지 않았다(OR=5.4).

캠브리지 연구에서는 범죄 가해자의 특정 가족 집중 현상도 발견된다. 전체 조사대상 가족의 64%에서 적어도 한 명 이상의 전과자가 있었으나, 범죄 건수를 기준으로 보면 1%(4가족, 33명)의 가족이 18%(448건)의 범죄를 저질렀고, 2%(8가족, 70명)의 가족이 28%(692건)를, 6%(23가족)의 가족이 전체 범죄의 50%를, 그리고 약 10%의 가족이 전체 범죄의 64%를 차지하는 것으로 밝혀졌다. 범죄가족이 평균에 비해 가족 규모가 다소 큰 것을 고려하더라도, 이러한 집중 현상은 매우 놀랄 만한 결과이다. 특정 범죄가족에 범죄가 집중되는 현상은 범죄 건수를 기준으로 하는 경우에 비해 범죄자를 기준으로 하는 경우 다소 약화된다. 1%(4가족, 가족구성원 53명)에서 전체 전과자의 7%(41명)가 나왔고, 5%의 가족(19가족, 205명)이 전체 범죄자의 24%를 차지한다. 12%의 가족에서 44%의 범죄자가 나왔다. 범죄건수에 비해 범죄자를 기준으로 한 경우 집중 현상이 약화되는 것은 고질적인 범죄자들이 반복적으로 범죄를 저지르기 때문이다.

영국에서와는 달리, 미국에서는 특정 가족에 범죄자가 집중되고 또 전이되는 현상에 대한 연구는 매우 빈약한 형편이다. 미국에서는 범죄기록에 대한 자료수집이 어렵고, 또한 생물학적 부모나 형제가 누구인지를 알기 어렵기 때문이다(Farrington et al, 2001: 581). 드물긴 하지만, 보스톤에서 진행한 글루엑 부부의 연구(Glueck and Glueck, 1950)를 보면 비행 소년들은 그렇지 않은 소년에 비해 범죄 부모나 형제를 두는 경향이 발견되고 있다. 어머니의 범죄성과 관련해서 비행 소년의 54.8%가 어머니가 범죄성을 가지고 있는 것으로 조사되었으나, 정상 소년의 경우 36.2%만이 범죄성을 보여 18.6%의 차이를 보이고 있다. 또한 비행소년의 아버지는 40.0%가 범죄성을 지니고 있으나 정상 소년은 32.2%가 범죄성을 지니고 있었다. 그리고 형제자매의 경우 비행소년의 65.2%가 범죄성을 가지고 있었으나 정상 소년은 25.8%만이 범죄성을 지니고 있는 것으로 나타났다.

미국에서 세대 간 범죄전이 현상을 체계적으로 다룬 자료는 피츠버그 청소년 연구(Pittsburgh Youth Study)에서 확보되었다. 3세대에 걸쳐 범죄의 세대 전이 현상을 다룬 이 연구는 약 500명씩 3개의 무작위 표본(어린 연령대, 중간, 고연령대)에서 총 1,517명 소년을 대상으로 진행된 범죄 및 반사회적 행동 발달을 다룬 종단연구이다 (Farrington et al, 2001).[3] 이들은 1987-88년에 처음 접촉을 시작하

---

3) 피츠버그 청소년 연구에 대한 결과는 전적으로 패링톤 등(Farrington et al, 2001)에 의존하여 정리하였다. 별도의 참고자료가 명시되는 않는 것은 이 논문의 내용을 요약, 정리한 것이기 때문이다.

여 3년 동안 6개월마다 표본 소년, 어머니, 교사를 통해 자료를 수집하였다. 가족 및 친척들의 범죄에 대한 기록은 공식기관에서 얻기 어렵기 때문에 주로 어머니를 통해 3차례에 걸쳐 이루어졌다.[4] 그리고 조사대상 가족 구성원은 소년, 형제 및 자매, 친부 및 계부, 친모 및 계모, 조부모, 친가의 삼촌과 고모까지 포함되었다.

이 조사의 결과를 보면 가족 및 친척 중에서 한 명이라도 체포된 사람이 있는 가족은 44.4%이고, 친척의 8.0%가 체포된 경험이 있었다. 세부적으로 가족 및 친척의 체포 경험률을 보면, 조사대상 소년의 9.7%, 형제 10%, 누이 2.7%, 아버지 33.0%, 어머니 6.6%, 삼촌 12.8%, 고모 3.4%, 할아버지 5.1%, 할머니 1.6%로 나타났다. 여기서 할아버지의 체포 경험률이 낮은 것은 조사대상 부모의 친척 범죄에 대한 정보의 부정확성을 보여주는 것이다.

체포된 친척 간의 내적 관계(<표 2-1> 참조)를 보면 총 32개의 친척관계에서 누이와 할머니, 조사대상 소년과 할머니 그리고 고모와 여자형제 관계만을 제외하면 OR이 2.0(p=0.05) 이상으로 통계적으로 유의한 것으로 나타났다. 특히, 가장 강한 관계는 이성 간에서 존재하는 것으로 나타났다. 체포경험이 없는 할머니는 5.6%만이 체포경험이 있는 할아버지와 살았으나, 체포경험이 있는 할머니는 53.3%가 체포경험이 있는 할아버지와 사는 것으로 밝혀졌다 (OR=19.1). 아버지와 어머니의 OR이 11.5, 고모와 삼촌의 OR이 13.7 그리고 남자 형제와 여자 형제의 OR이 5.9에 달했다.

세대 간 범죄전이를 보여주는 관계도 강한 것으로 밝혀졌다. 할아

---

4) 캠브리지 연구가 공식적인 범죄기록을 기준으로 한 것인 반면, 피츠버그 청소년 연구는 어머니를 통해 친척들의 범죄에 대한 정보를 수집하였기 때문에 친척들의 체포에 대한 정보가 정확하지 않고, 또한 이로 인해 특히 체포된 가족수보다는 체포건수가 과소평가되었을 것으로 추정하고 있다.

버지와 아버지(OR=8.3), 할머니와 아버지(OR=10.9), 할아버지와 삼촌(OR=6.3), 할아버지와 고모(OR=7.0), 할머니와 삼촌(OR=4.8), 할머니와 고모(OR=8.9)도 유의한 높은 관계를 보이고, 아버지와 조사 대상 소년(OR=4.9)의 관계는 자매(OR=4.8)와 유사하나 형제(OR=3.9)는 다소 낮았다. 캠브리지 연구 결과와 비교해 보면, 동일 세대의 관계는 캠브리지 연구(OR=4.2)에 비해 피츠버그 연구(OR=6.5)에서 더 강했고, 다른 세대와의 관계는 피츠버그(OR=3.6, OR=3.7)와 캠브리지 연구 결과는 유사한 수준으로 나타났다.

<표 2-1> 체포된 친척 간의 내적 관계(odds ratio)

	형제	자매	부	모	삼촌	고모	조부	조모
소년	3.9	4.8	4.9	3.9	2.9	2.7	3.7	1.9
형제		5.9	2.7	2.2	2.2	2.3	3.0	2.9
자매			2.9	4.8	2.5	1.8	3.6	1.1
부				11.5	5.1	4.6	8.3	10.9
모					7.4	8.3	3.1	7.7
삼촌						13.7	6.3	4.8
고모							7.0	8.9
조부								19.1

주: n=1,395, odds ratio > 2.0(p=0.05, 단측검증)(Farrington et al., 2001: 585)

체포된 사람의 가족 집중 현상을 살펴보면(<표 2-2> 참조), 전체적으로 체포 건은 2,009건이고 피체포자의 수는 1,403명으로 피체포자의 1인당 평균 체포 건수는 1.4건이다. 현재 가족 구성원(immediate family)에서 가해자 집중을 부모 및 자녀를 기준으로 보면, 1.6%(22개 가족)에서 전체 체포자의 13.0%(96명)이 나왔고, 12.3%(171개 가족)의 가족에서 59.0%, 34.1%(475개 가족)에서 100%의 범죄자가 나왔다. 캠브리지 연구와 비교해 보면 런던에서는 5%의 가족이 24%의 가해자를 포함했으나 피츠버그 청소년 연구에서는 5%의 가족이 전체의 30%를 보유하고 있고, 12%의 가족이 59%의 가해자를 포함하고 있으나 런던에서는 12%가 44%만의 가해자를 포함해 가해자가 특정 가족에 집중되는 현상이 피츠버그 청소년 연구에서 더 강한 것으로 나타났다. 이런 집중 현상은 가해자를 지닌 가족의 비율이 런던(64%)에 비해 피츠버그(34.1%)에서 더 낮다는 점에서도 알 수 있다.

<표 2-2> 체포된 사람의 집중

가 족		사 람		체포된 사람	
가족수	%	인 원	%	인 원	%
3	0.2	29	0.4	18	2.4
5	0.4	47	0.7	28	3.8
22	1.6	173	2.5	96	13.0
65	4.7	467	6.7	225	30.4
171	12.3	1,104	15.8	437	59.0
475	34.1	2,702	38.6	741	100.0
⋮	⋮	⋮	⋮	⋮	⋮
1,395	100.0	6,992	100.0	741	100.0

주: 부모 및 자녀만을 기준으로 산출한 것임(Farrington et al., 2001: 586).

마지막으로, 피츠버그 청소년 연구에서 밝혀진 체포된 부계 친척이 조사대상 소년의 비행을 예측하는 정도를 살펴보자(Farrington et al, 2001: 587- 589). 소년의 비행에 대한 측정은 경찰 체포, 법원 청원(court petitions),[5] 소년, 부모 및 교사의 보고를 통해 3가지 방

---

5) 법원(청원) 비행은 법원관계자가 청소년 법원에 청원을 제기한 범죄 사례를 지칭하는 것이다. 다이버젼(diversion)하기에는 죄질이 무거워 유죄를

법으로 이루어졌다. 아버지가 체포경험이 있는 소년의 25.1%가 체포경험이 있었고, 반면에 아버지의 체포경험이 없는 경우 6.7%의 소년만이 체포된 것으로 나타났다. 법원 청원의 경우, 아버지와 형제의 체포 경험이 강한 예측력을 갖는 것으로 밝혀졌다. 아버지가 체포 경험이 있는 경우 소년이 법원청원을 받을 확률은 43.5%이나, 그렇지 않은 경우 23.3%에 지나지 않았고(OR=2.5), 형제의 체포 경험에 따라서는 각각 56.8%와 36.8%에 달했다(OR=2.3). 반면에 예측력이 가장 낮은 것으로는 삼촌과 고모의 체포 경험으로 나타났다. 보고식 조사결과를 보면, 어머니와 아버지의 체포가 가장 높은 예측력을 가지고 있었다. 체포 경험이 있는 어머니를 둔 소년의 비행률은 49.2%이나 그렇지 않는 소년은 31.0%이다(OR=2.2). 아버지의 체포 경험 여부에 따른 조사대상 소년의 보고식 비행 경험률은 각각 42.9%, 22.9%이다(OR=2.0). 또한 주목할 만한 결과는 삼촌, 고모, 할아버지와 할머니의 체포 경험도 경우에 따라 소년의 체포, 법원청원 및 보고식 비행 경험에 대해 예측력을 갖는다는 것이다. 삼촌이 체포경험이 있는 경우(21.7%)는 그렇지 않은 경우(9.1%)에 비해 소년의 체포율이 높았고(OR=2.8), 고모가 체포경험이 있는 경우(25.4%)에도 없는 경우(12.3%)에 비해 소년의 체포율이 높게 나타났다(OR=2.4). 그리고 할아버지 및 할머니가 체포경험이 있는 경우도 그렇지 않은 소년에 비해 체포되는 경우가 많았다(각각 OR=3.6, 2.5). 전체적으로 보면, 아버지 및 어머니의 범죄 경험이 가장 예측력이 높고, 다음으로 형제자매로 나타났다. 상대적으로 삼촌과 고모, 조부모는 소년 비행 예측력은 낮게 나타났다.

지금까지는 범죄학 분야에서 영국과 미국에서 진행된 종단연구

확신하는 경우에 한해, 법원관계자는 법원에 청원을 제기한다.

결과를 살펴보았다. 두 연구에서 공통적으로 확인할 수 있는 것은 첫째, 비록 정도에 있어서는 차이가 있지만 범죄성이 강한 가족을 중심으로 비정상적으로 범죄와 가해자가 집중되는 현상을 확인할 수 있었다. 둘째, 부모와 자녀, 특히 아버지에게서 아들에게로 범죄전이와 함께, 심지어 피츠버그 청소년 조사에서는 조부모와 손자, 삼촌 혹은 고모와 조카 간에도 범죄성에서 있어서 전이도 발견된다는 점이다. 셋째로는 혈연관계가 전혀 없는 부부간에도 범죄성의 유사성이 발견된다는 점이다. 이와 같은 범죄학의 기존 연구에서 밝혀진 사실에 기초해서 볼 때, 범죄가 가족을 통해 전승된다는 것은 부인하기 어려운 사실로 여겨진다. 또한 이 사실은 범죄 연구에서 가족의 중요성을 여실히 드러내 주는 결과로 판단된다.

이외에도 수감자를 대상으로 한 자기기입식 설문조사 결과를 보면, 범죄의 특정 가족 집중 및 범죄전이를 엿볼 수 있는 간접적인 결과를 보여준다. 동일한 시기인 1991년에 미국과 영국에서 진행된 수형자 대상 자료를 비교해 보면, 수형자의 상당한 비율이 부모나 형제가 수감 경력이 있는 것을 알 수 있다. 영국의 자료(Walmsley et al., 1992)를 보면, 전체 수감자의 35%가 가족 중에 수감 경력이 있는 구성원이 있었고, 21세 이하의 젊은 층에서는 44%가 그러한 것으로 조사되었다. 또한 미국의 조사 결과(Beck et al., 1993)도 이와 매우 유사한데, 전체의 37%가 수감 경력이 있는 가족이었고, 남자 형제 중에서 수감 경험이 있는 수감자는 31%로 나타났다. 상식적으로 볼 때, 이러한 결과는 수형자의 가족이 정상 가족에 비해 더 많은 범죄자를 지닐 가능성을 보여주는 것으로, 특정 가족에의 범죄의 집중과 세대전이 가능성을 간접적으로 시사하는 결과로 볼 수 있을 것이다.

또한 가족학에서도 출생가족(family of origin)에서의 가족폭력

(family violence), 즉 부모 간 혹은 부모자녀 간의 폭력을 경험한 자녀의 경우 이후 형성한 가족에서 부부간 폭력을 행사할 가능성이 높다는 것은 잘 알려져 있는 현상이고, 많은 경험적 연구가 진행된 영역이기도 하다. 각 사회의 실정법에 따라 가족폭력의 범죄 성립 여부가 다를 수 있지만, 실정법에 관계없이 가족폭력을 하나의 범죄행위로 간주한다면 이들 연구 또한 세대 간 범죄의 전이 현상을 보여주는 결과로 볼 수 있을 것이다. 가족폭력의 세대 전이 현상을 다룬 기존 연구를 메타분석한 데솔과 마골린의 연구 결과(Desol and Margolin, 2004)를 보면, 표집방법 및 가족폭력의 정의에 따라 차이는 있지만, "가족폭력 치료 대상자 표본(identified sample)에서는 부부폭력을 행사한 적이 있는 남성의 약 60% 가량이 출생가족에서 가족폭력을 경험한 적이 있는 것으로 나타났으나, 반면에 부부폭력이 없는 남성은 20%를 약간 상회하는 정도가 출생가족에서 가족폭력을 경험했다." 이 결과도, 가족폭력이라는 범죄가 가족을 통해 대물림된다는 것을 보여주는 결과라고 할 수 있을 것이다.

2. 범죄성의 세대 간 전이 과정에 대한 인과관계 연구

세대 간 범죄전이 실태가 밝혀진 것에 비해, 가족 내에서 어떠한 과정을 거쳐 범죄의 세대 간 대물림 현상이 일어나는가에 직접적인 관심을 가지고 진행된 연구는 매우 제한적이다. 또한 전이 과정에 대한 설명을 시도한 연구들은 탐색적인 차원에 머물거나 잠정적인 결론만을 제시하는 경우가 대부분이지만, 기존의 연구 성과를 검토하는 것은 앞서 제시한 범죄성의 세대 간 전이의 과정에 대한 이론적 설명의 방향을 제시한다는 점에서 의미를 가질 것이다. 기존 연구를 보면 핵심적 쟁점인 부모의 범죄성을 자녀에게로 전이시키는 매개 요인이 무엇인가를 두고 연구자에 따라 상이한 결과를 제시하고 있다.

앞서 살펴본 캠브리지 자료를 이용한 세대 간 범죄전이 과정에 대한 인과적 설명을 보면(Farrington, 1992; 1995), 부모의 범죄경력이 조사대상 소년에게 직접적으로 영향을 미친다는 연구결과를 제시하고 있다. 말썽부리기(troublesomeness)이나 도전성(daring)과 같은 행위적 측정을 제외하면, 소년이 10세 전에 부모 및 형제자매의 범죄경력이 그 이후 소년의 가해와 반사회적 행동에 대한 설명력이 가장 높은 것으로 나타났다. 부모의 범죄경력(OR=3.4)과 형제자매(OR=3.2)의 범죄 경력은 다른 유의미한 변수인 낮은 가구 소득(OR=2.6), 가족규모(OR=2.5), 낮은 지능(OR=2.2), 부모로부터 격리(OR=2.4), 잘못된 부모감독(OR=2.2), 낮은 학업 성취(OR=2.6) 등에 비해 더 강한 관계를 보였다. 그리고 청소년 자기보고 비행에서는 부모의 잘못된 감독이 설명력이 가장 강했으나, 부모와 손위 형제자매의 범죄경력도 매우 유의미한 수준의 설명력을 보였다. 더욱이 회귀분석 결과에서는, 다른 모든 변수를 통제한 상태에서도 10세까지 부모가 전과가 있는 것이 32세에 배우자 폭행의 가장 중요한 예측요인이었고, 또한 32세까지 전과나 고질적 범죄자(chronic offender)의 중요한 예측요인으로 나타났다. 캠브리지 연구 자료에서 8-10세에 측정된 심리사회적 위험 요인으로 18-32세의 반사회적 성격과 21-40세의 유죄판결을 예측한 연구에서도, 이와 매우 유사한 연구결과를 제시하고 있다(Farrington, 2000). 소년의 범죄를 설명하는 데 있어 아동기의 가장 중요한 예측 요인은 아버지의 유죄판결, 가족크기, 낮은 지능 또는 낮은 학업성취, 자녀양육 요인, 나이가 어린 어머니, 결손가정 등이었다.

패링톤 등(Farrington et al, 2001)이 피츠버그 청소년 자료를 이용한 회귀분석에서도 위의 연구와 유사한 결과를 제시하고 있다. 자녀양육 변수를 포함한 가능한 많은 설명변인을 통제한 후에도 체포경험이 있는 아버지는 자녀의 비행을 예측하는 중요한 변수로 나타났다. 자녀의 비행은 본인, 부모, 친구, 교사에 의해 보고된 비행, 경찰체포, 법원(청원)비행 세 가지로 측정했는데, 보고된 비행에서는 친척의 범죄가 자녀의 비행을 독립적으로 예측하지 못하는 것으로 나타났으나, 경찰체포는 다른 모든 변수에 비해 아버지의 체포 경험이 가장 강한 설명력을 보였고 어머니와 삼촌의 체포도 독립적인 유의미한 설명력이 있는 것으로 나타났다. 그리고 법원비행에 있어서도 형제와 아버지의 체포가 독립적인 설명력이 있는 것으로 나타났다. 자녀의 비행에 대해 유의한 영향을 갖는 가족변수는 보고된 비행의 경우 나이가 어린 어머니, 불우한 이웃, 체벌이 포함되었고, 소년의 체포는 낮은 사회경제적 지위, 훈육에 대한 의견 불일치, 부실한 감독에 의해 영향을 받으며, 법원비행에는 사회복지 수혜, 저학력 어머니, 부모의 불행 등이 영향을 미치는 것으로 나타났다. 개인적 특성으로 비행에 유의미한 영향을 미치는 변수는 보고된 비행의 경우 과잉행동 주의력결핍, 우울증이고, 경찰체포는 유급, 낮은 학업성취, 주의력결핍 과잉행동장애(ADHD), 법원비행은 학교에서의 유급, 낮은 죄책감, 낮은 성취욕, 낮은 학업성취로 나타났다. 전체적으로 자녀의 개인의 특성과 친척의 범죄, 자녀양육을 포함한 가족변수들이 소년비행의 측정방법에 따라 다소간의 차이는 있으나 독립적인 영향력을 갖는 것으로 나타났다.

캠브리지 및 피츠버그 청소년 자료에 기초한 이 연구들은 특정한 이론에 기반을 두지 않고 자녀의 범죄나 비행에 영향을 미치는 요인들을 모두 투입하여 회귀분석을 통해 자녀의 비행에 대한 독립적인 설명력을 갖는 변수들을 탐색하여 제시한 것이다. 소년의 범죄나 비행은 자녀양육을 둘러싼 가족환경적 요인, 자녀의 개인적 특성과 함께 가족의 범죄성이 동시에 작용한 결과라는 것이, 이론적 논의가 결여된 이들 탐색적 연구의 주된 발견사항들이다. 그리고 대부분 부모의 범죄성이 다른 요인과는 독립적으로 자녀의 비행 혹은 범죄에 영향을 미치는 것으로 나타났다. 그러나 이들 세 변수간의 내적 상호작용이나 인과관계는 별도로 연구되지 않았다. 즉, 부모의 범죄성이 자녀에게 직접적으로 영향을 미치는지 아니면 가족과정을 매개로 해서 영향을 미치는지에 대해서는 알 수가 없다. 또한 자녀양육의 하위 영역들에 대한 포괄적이고 충분한 측정이 존재하지 않았다는 문제점도 안고 있었다.

로우와 패링톤(Rowe and Farrington, 1997)의 캠브리지 자료를 이용한 최근의 연구는 위의 연구들에 비해 진일보한 결과를 보여주고 있다. 캠브리지 자료에서 자녀가 2명 이상인 가족(n=344)을 대상으로 부모의 범죄성이 감독, 자녀양육(부모의 자녀에 대한 온정적 태도와 훈육), 가족크기 등과 같은 가족환경을 매개해서 전이되는지 아니면 직접적으로 자녀에게 전이되는가를 구조방정모형 분석을 통해 확인한 결과, 놀랍게도 가족환경을 전혀 매개하지 않는 직접 전이 모형이 자료에 가장 적합한 것으로 나타났다. 이러한 결과는 부모의 범죄성이 자녀에게 직접적으로 전이된다는 것을 의미하며, 이들은 측정되지 않았기 때문에 정확히 알 수는 없지만 부모의 범죄성이 측정되지 않는 가족환경 변수나 유전을 통해 자녀에게 전이될 가능성이 있다고 조심스럽게 예상하고 있다. 부모의 범죄성 외에 가족크기, 감독, 자녀양육, 수입, 사회경제적 지위와 같은 가족환경 변수를 투입하여 회귀분석을 한 결과, 가족환경 변수의 투입 전후의 비교에서 투입 후 자녀 범죄에 대한 설명력이 유의하게 증가하는 것으로 나타났다. 하지만 향후 가족을 통한 범죄성 전이에 대한 연구는 생물학적으로 지향된 사회과학자와 범죄학자의 결합된 노력이 필요하다고 결론짓고 있다. 이는 세대 간 범죄성의 전이에 대한 연구가 생물학적 유전을 보다 염두에 두고 진행해야 한다는 것을 의미하는 것이다. 하지만, 이 연구에서 사용한 자료에서 자녀양육에서 매우 중요한 변수인 애착에 대한 측정이 이루어지지 않았고 또한 부모의 범죄성을 전과 여부로만 측정하고 있어, 이 분석결과로 과연 범죄성의 전이가 환경적인 요인에 의한 것인지 혹은 유전적인 요인에 의한 것인지는 확신하기 어렵다.

이와는 반대로 자녀가 성장하는 가족환경적 요인의 중요성을 제시한 연구를 살펴보자. 맥코드(McCord, 1991)는 생물학적으로 범죄와 관련된 유전적 기질에 차이가 있는 소년을 대상으로 환경적 요인이 이들에게 어떤 영향을 미치는가를 연구했다. 아버지가 범죄자인 경우와 그렇지 않은 경우를 비교한 결과를 보면, 전과가 있는 아버지의 경우 그렇지 않은 경우에 비해 알코올 중독, 공격성, 체벌, 아버지가 부재한 경우가 더 많았고, 부인과 갈등을 더 많이 겪는 것으로 나타났다. 또한 아버지가 범죄자인 경우에 좋지 않은 이웃들과 살고, 자녀에 대한 애착이 덜하고, 자녀양육에 대한 어머니의 자기확신이 약하고, 일관성 있고 체벌을 하지 않는 훈육을 하지 못하며, 그리고 부모의 감독이 충분하지 않은 것으로 나타났다. 사회화 요인을 부부갈등, 공격성과 같은 범죄 촉진요인과 어머니의 자기 확신, 애착 그리고 감독과 같은 보호요인으로 구분하고, 아버지의 범죄성과 함께 분석한 결과, 아버지의 범죄성, 보호 및 촉진 요인, 그리고 보호와 촉진의 상호작용 효과 모두 자녀의 범죄에 유의미한 독립적인 영향력이 있는 것으로 나타났다. 이러한 분석결과에 기초해서 맥코드는 생물학적 조건이 범죄를 억제 혹은 촉진시킬 수 있으나 생물학적 잠재성이 범죄로 발전하는가 여부는 사회화의 실행에 의해 상당한 영향을 받는다는 잠정적인 결론을 내리고 있다. 특히 범죄행동을 촉진하는 유전적 요인의 영향은 어머니의 온정성과 유능함에 의해 뚜렷이 감소될 수 있다고 보았다.

그리고 샘슨과 라웁(Sampson and Laub, 1993)은 보스톤에서 진행된 글루엑 부부의 자료를 이용하여, 부모 범죄성이 자녀의 비행에 미치는 효과가 직접적으로 자녀비행에 영향을 미치는지 아니면 가족과정(family process)을 매개해서 자녀 비행에 영향을 미치는지를 분석하였다. 부모의 범죄성이 가족과정을 매개하여 자녀비행에 영향을 미친다면 가족과정 변수를 투입한 후 부모의 범죄성이 자녀 비행에 미치는 효과는 없어지게 될 것이고, 반대로 직접적으로 영향을 미친다면 가족과정 변수를 투입한 후에도 부모의 범죄성이 자녀의 비행에 유의한 영향을 미칠 것이라고 예상하였다(Sampson and Laub, 1993: 69). 이들은 부모의 범죄성, 가족의 사회경제적 지위, 가족 규모 및 과밀, 가족붕괴, 거주이동, 출생국가 등과 같은 가족구조적 요인이 가족과정을 매개하여 자녀의 비행에 영향을 미친다는 비공식적 사회통제이론에 따라 분석을 실시하였다. 분석 결과, 부모의 범죄성이 자녀 비행에 미치는 효과는 대부분 가족과정을 매개하여 자녀 비행에 영향을 미친다는 결론을 제시하였다. 부모 범죄와 알코올 중독과 같은 부모의 범죄성이 잘못된 감독, 학대와 변덕스런 훈육, 부모의 거부, 낮은 애착, 대규모 가족과 같은 가족과정에 통계적으로 유의한 관계를 가지는 것으로 나타났다. 즉, 부모의 범죄성이 강할수록 자녀양육이 적절하게 이루어지지 않은 것으로 나타났다. 하지만 가족과정 변수를 추가한 회귀분석 결과에서 부모의 범죄성이 자녀의 비행에 미치는 직접 효과는 그 유의성을 상실해, 부모의 범죄성과 같은 구조적인 배경요인은 가족과정 변수에 의해 대부분 매개된다고 결론짓고 있다. 이 연구 결과는 부모의 범죄성이 자녀의 범죄성에 직접적으로 영향을 미친다는 연구와는 완전히 상반되는 결과이다. 샘슨과 라웁의 추가분석에서 밝혀진 또 다른 사실은 조기 문제행동(early onset), 화를 잘 내는 다루기 어려운 자녀(difficult child), 성내기(tantrums)와 같은 자녀가 어려서부터 드러내는 개인적 특성이 가족구조 및 과정 변수와는 독립적으로 자녀의 비행에 유의한 영향을 지속적으로 미치고 있다는 것이다. 즉, 어려서부터 드러나는 개인적 특성이 가족과정에 상관없이 자녀의 비행에 영향을 미친다는 결과를 제시하고 있는 것이다.

지금까지 살펴본 가족을 통한 세대 간 범죄성의 전이 과정을 다룬 선행연구들은 부모의 범죄성 그 자체나 자녀가 어려서부터 드러내는 개인적 특성, 그리고 자녀양육 및 가족구조 등의 가족환경적 요인을 범죄성의 세대 간 전이의 주된 매개 경로로 보고 있다. 흥미로운 것은 비공식적 사회통제이론적 입장을 취하는 샘슨과 라웁(1993)은 부모의 범죄성은 자녀양육 변수를 매개로 하여 자녀의 범죄에 영향을 미친다는 연구결과를 제시한 반면, 로우와 패링톤(1997)은 자녀양육을 매개한 모형보다는 부모의 범죄성이 자녀에게 직접 전이되는 모형이 더 적합하다는 매우 상반된 결론을 제시하고 있다는 사실이다. 이들은 직접적 전이에 대해 비록 구체적으로 측정되지 않은 요인에 의한 것이지만, 범죄와 관련된 유전적 요인이 부모와 자녀 간에 동시에 작용할 가능성이 있다고 예상하고 있다. 이와 같은 상반된 연구결과는 이 주제에 대해 추가적인 경험적 연구와 함께 이론적 논의도 더 진척될 필요가 있음을 보여주는 것이다.

기존 연구 성과 검토를 마무리하기 전에, 이 문제에 지속적으로 관심을 가져온 패링톤이 제시한, 범죄의 특정 가족 집중과 세대 간 전이 현상에 대해 상호배타적이지는 않지만 가능한 6가지 대안적 설명방식을 살펴볼 필요가 있다(Farrington et al., 2001, Farrington, 2005). 첫째로 범죄를 유발할 수 있는 복합적인 위험요소(risk factors)가 세대를 이어 연속되기 때문이라는 것이다. 빈곤의 굴레, 결손가정, 편부모 혹은 10대 부모, 빈민지역 거주 등의 세대 간에 반복이 범죄가 특정 가족에 집중되고, 세대 간 전이 현상에 대한 가능한 설명의 하나라는 것이다. 이는 주로 긴장이론을 염두에 둔 설명방법이다. 둘째로, 범죄성에 있어서 유유상종의 짝짓기(assortive mating), 즉 동질혼(homogamy)을 들고 있다. 여성 범죄자들은 남성 범죄자와 동거 혹은 결혼하는 경향이 있다는 것이다. 이와 관련해 두 가지 이유가 언급되고 있는데, 첫째 사회적 동질혼이다. 결혼의 유사성은 전과자들이 유사한 사회적 환경, 즉 술집, 이웃, 학교, 비디오 가게 등을 공유할 가능성 때문이다. 물리적 근접성은 결혼 가능성을 높이고, 유사한 사회적 계급 지역에 같이 거주하는 것은 배우자 간 전과에서 유사성을 설명할 수 있다. 두 번째로 외현적인 동일 유형간의 짝짓기(phenotypic assortment)이다. 잠재적 배우자감을 선택할 때, 서로 간에 특질을 시험하고 자신과 유사한 사람을 선택한다는 것이다. 이로 인해 배우자 간 범죄성에서 유사성이 나타나는 것이다(Farrington et al., 2001). 이러한 동질혼으로 양 부모가 모두 범죄자이면 자녀도 범죄자가 될 가능성이 매우 높아져, 범죄의 집중과 세대전이가 이루어진다는 것이다. 셋째로, 가족 구성원들 간의 직접적 혹은 상호적 영향을 들고 있다.

특히 남동생은 형의 반사회적 행동을 모방할 수 있고, 또는 형은 남동생이 반사회적이 되도록 독려할 수 있다는 것이다. 하지만, 아버지의 경우 자녀에게 범죄기술을 가르치거나 범죄를 독려할 가능성은 거의 없다고 보고 있다. 넷째로, 환경 메커니즘을 통해 부모의 범죄성이 자녀에게 영향을 미친다는 주장이다. 전과자 아버지의 경우 젊은 여성을 임신시키고, 불우한 이웃과 함께 살아 강한 양심을 개발하기 어려운 자녀양육법을 사용할 가능성이 높다는 것이다. 즉, 범죄 부모의 자녀 범죄에 대한 영향은 부모의 감독과 일관성 없는 훈육을 통해 매개된다는 설명이다. 다섯째로는, 유전적 메커니즘을 통해 범죄가 세대 간 전이된다는 설명이다. 하지만, 유전적 가능성이 환경과 상호작용하는데, 어떠한 상호작용을 통해 전이가 일어나는가에 대한 질문이 남아 있다고 한다. 마지막으로, 공식기관의 범죄가족(criminal families)에 대한 편견과 낙인으로 인해, 범죄 부모는 범죄 자녀를 갖는 경향이 있다는 것이다. 그런데, 범죄자 아버지를 둔 소년이 높은 자기보고 비행을 하고 또한 교사와 부모도 이들의 높은 비행을 보고하고 있다. 그리고 자녀가 태어나기 전에 발생한 부모 범죄도 자녀 출생 이후와 유사하게 자녀의 범죄를 유의하게 예측하고, 경찰이 소년의 아버지 범죄에 대해 전혀 알지 못함에도 이러한 결과가 나온 것으로 볼 때, 공식기관에 의한 낙인에 의한 설명이 유일한 설명이 되기는 어렵다고 보고 있다.

패링톤이 제시한 이러한 대안적 설명방법은 가족을 통한 범죄 집중과 전이를 다루는 데 있어 검토가 필요한 가능한 여러 설명 방안들을 제시한 것으로, 이에 대해서는 다음 장에서 자기통제이론을 살펴본 다음 분석틀을 구성하는 단계에서 별도로 논의하고자 한다.

제2절 자기통제이론 및 경험적 연구

앞 절에서는 특정 가족들에의 범죄 집중과 세대 간 전이 실태를 기술하고, 동시에 그 전이 과정에 대해 탐색적 혹은 인과적 설명을 시도한 연구들을 검토하였다. 기존의 경험적 연구들이 가족을 통한 범죄의 세대 간 전이 현상의 원인을 탐색하는 차원에서 여러 관련 요인들을 검토하고 있으나, 논리적 일관성을 가지고 특정 이론을 검증하는 연구는 거의 찾아보기 어렵다. 이 논문의 목적은 범죄성의 세대전이 현상이 어떻게 발생하는가를 이론적으로 설명하고 이를 경험적으로 검증해 보는 것이다. 전통적으로 범죄현상과 관련하여 가족요인을 강조해온 통제이론 가운데 최근 가장 주목받고 있는 자기통제이론을 범죄의 세대 간 전이 현상을 설명할 수 있는 이론적 자원으로 활용하고자 한다. 이를 위해 먼저 자기통제이론을 살펴볼 필요가 있다. 그런 다음 이 이론을 경험적으로 검증한 논의들을 살펴보고, 이러한 논의에 기초하여 자기통제이론에서 범죄성의 세대 간 전이를 어떻게 설명할 수 있는가를 제시하고자 한다.

1. 자기통제이론

가. 자기통제이론의 기본가정

갓프레드슨과 허쉬(Gottfredson and Hirschi, 1990)는 범죄학에서 고전주의적 전통과 통제이론의 실증주의적 전통을 연결짓는 시도를 통해 범죄에 대한 일반이론을 제시하였다. 범죄학의 고전이론은 인간행위에 초점을 두는 이론으로, 이 전통에서는 범죄행위를 포함한 인간행위는 쾌락을 추구하고 고통은 피하려는 이기적인 것으로 보고 있다.6) 그리고 범죄를 포함한 모든 행위는 자신의 행위를 합리적으로 선택하는 인간에 의해 야기된 것으로 보고 있다. 갓프레드슨과 허쉬는, 인간의 본성과 인간행위에 대한 이해에서는 고전적 전통과 같이 하지만, 이 전통은 범죄행위에 초점을 맞춤으로써 행위자 개인 간에 주어진 상황에서 자신의 이익을 계산하는 능력에 있어서 개인 차이를 인정하지 않는다는 문제를 지적한다. 이들은 고전이론을 개인이 처한 현재의 사회적 위치와 사회와의 유대에 의해 범죄의 비용이 계산되는 사회적, 외적 통제이론의 하나로 보고, 고전이론에서 부족한 것은 사람들이 순간적인 범죄의 유혹에 취약한 정도에 있어서 개인 차이를 인정하지 않는 점이라고 지적한다(Gottfredson and Hirschi, 1990: 87). 자기통제이론은 합리적인 이해타산을 고려하는 개인의 능력과, 또한 자신의 이익을 위해 강제력을 행사하거나 속이는 경향, 즉 범죄성(criminality)에 있어서 개인 차이를 인정한다.

한편 실증주의 전통7)에서는 행위에 대한 이론이 없이 인간을 본

---

6) 자기통제이론에서 갓프레드슨과 허쉬는 인간관 및 행위이론에 대해서 벤담, 베카리아, 홉스와 같은 고전이론적 전통에 입각해 있다. 그러나 1950년대 시카고 학파의 사회해체 개념에 영향을 받은 초기 통제이론가인 나이(Nye), 리이스(Reiss), 레크리스(Reckless)가 자신들의 주장에 적합한 것으로 여겼으나, 당시 긴장이론에 비해 지배적인 위치를 차지하지 못했고(Taylor, 2001: 375에서 재인용) 또한 논리적 일관성에 문제가 있어 이론적 자원을 고전적 전통에 기초했다고 한다.

7) 갓프레드슨과 허쉬는 기존의 실증주의적 전통에서는 "인간은 본질적으로 사회적인 존재이고, 따라서 자신의 통제 밖에 있는 힘에 의해 일탈과 범죄행위로 내몰리게 되는 존재로 보고 있다"고 전제하고(Gottfredson and Hirschi, 1990: 11), 자기통제이론의 시각을 기존의 다양한 실증주의적 전

질적으로 사회적인 존재로 보고, 범죄는 인간이 통제력을 행사할 수 없는 어떤 사회적 힘에 의해 범죄행위로 내몰린 결과로 본다. 즉, 행위자가 위치한 특정한 사회적, 생물학적, 경제학적, 심리적 조건들이 특정한 범죄를 야기한다는 입장이다(Gottfredson and Hirschi, 1990:11). 이들은 범죄행위를 특정한 조건에 대한 적응행위로 보는 것이다. 이러한 접근방법에 따라, 실증주의에서는 행위자가 처한 특정 조건에 따라 특정한 범죄이론을 만들어 내는 경향이 있다. 하지만 많은 경험적 연구에서 발견되는, 개인이 처한 사회적 상황에 관계없이 범죄행위를 범하는 경향에 있어서의 개인 간의 안정적인 차이(cf, Glueck and Glueck, 1950, Farrington, 1995)는 실증주의적 전통에서는 설명할 수 없는 것으로, 갓프레드슨과 허쉬는 이 현상을 자기통제력(self-control) 개념을 도입하여 설명한다.

갓프레드슨과 허쉬는 자기통제력 개념을 중심으로 범죄와 비행을 설명하는 일반이론을 제시하였다. 이 이론은 과거의 통제이론이 근거했던 개인과 사회에 대한 기본적인 가정들을 공유하고 있다. 첫째, 다른 범죄 이론과는 달리 설명이 필요한 것은 "개인들은 왜 범죄를 하게 되는가?"라는 질문이 아니라 순응행동이라고 보고 있다. 범죄행위가 인간본성에 부합되는 자연스런 행동이기 때문에 어떤 적극적인 (positive) 동기에 의해 유발되는 것이 아니라는 사실이다. 긴장이론에서와 같이, 문화적으로 바람직한 목표를 달성하는 데 있어 개인이 처해 있는 불리한 사회적 위치로 인한 합법적인 목표 달성 수단의 결여와 그로 인한 긴장과 같은 적극적인 범죄유발 동기가 필요하지 않

통과 뚜렷하게 대비해서 제시하고 있으나, 에이커스는 "과연 어떤 사람은 범죄자가 되고 다른 사람은 범죄자가 되지 않는가?"의 관점에서 보면 자기통제이론도 현상학적 이론 등과는 구별되는 실증주의적 전통의 하나로 보는 것이 타당하다고 주장한다(Akers, 1991).

다는 것이다. 통제이론은 인간을 공리주의적인 이기적 존재로 가정하므로 범죄 동기는 누구나 지니고 있는 것으로 보기 때문에 범죄 동기의 개인 차이를 부정하고 범죄 통제요인에 관심을 집중한다.

둘째로, 자기통제이론은 사회를 보는 데 있어서 긴장이론이나 문화일탈이론과 서로 다른 가정을 갖는다. 긴장이론은 문화적 목표를 중심으로 모든 구성원을 사회화시킬 수 있는 강력한 사회상을 가정한다. 반대로 문화일탈이론의 경우 친사회적 혹은 일탈적 문화가 동시에 공존하는 문화적 다양성을 인정한다. 비행적 하위문화는 범죄에 대해 우호적인 정의를 제공하며, 이에 대한 차별적 접촉이 강화되면 일탈행동이 발생하게 된다고 본다. 하지만, 통제이론에서 제시된 사회상은 사회성원들이 어느 정도 공통의 가치체계를 공유하고 있고, 규범을 위반하는 것은 사회성원들의 바람과 기대를 저버리는 것으로 보고 있다(Hirschi, 1969: 18, 23; Kornhauser, 1978; Matsueda and Heimer, 1987). 예를 들면, 범죄경력이 있는 일탈적 부모라도 자녀에 대해서는 일탈을 조장하기보다는 범죄를 피하도록 한다는 것이다. 하지만 통제이론에서는 사회적 통제에 의해 모든 아동들이 동일하게 잘 사회화되는 것은 아니며, 모든 사회적 환경들이 효과적인 사회통제의 단위가 되는 것은 아니라고 본다(Kornhauser, 1978: 47-48).

이렇게 경합하는 다양한 이론들에 대해 사회학자의 전통적인 접근방법의 하나는 이들은 하나의 이론체계로 통합하려는 것이었다(cf Elliott et al., 1985). 이에 반하여 갓프레드슨과 허쉬는 이론통합을 강하게 부정하고 이론 경합의 입장을 지지한다. 이들은 이론 간 통합은 각 이론들이 가지고 있는 기본가정, 즉 인간관 및 사회상 그리고 문화적 변이의 다양성에 있어 서로 상이한 입장을 전제하고 있어 논리적 일관성을 유지하기 어렵다고 주장한다. 따라서 이론통합을 꾀하는 것보다 이론

경쟁 전략이 더 낮다는 입장을 취한다(Hirschi, 1979). 이로 인해, 자기 통제이론도 사회학습이론, 긴장이론, 낙인이론, 생물학적 이론, 경제학적 이론, 그리고 하위문화이론과도 경쟁적인 입장을 취하고 있다.

나. 범죄 및 범죄자 개념

범죄에 대한 정의를 범죄자의 특성이나 범죄 원인론에서 추론하는 다른 범죄이론과는 달리, 갓프레드슨과 허쉬(1990)는 법률적 정의와는 관계없이 범죄행위의 본질과 경험적 조사 결과에 부합하도록 범죄의 정의를 제시하였다. 범죄를 "자기 이익을 추구하기 위해 강제(force)하거나 속이는(fraud) 행위"로 매우 광의적으로 정의하고 있는데, 이것은 범법행위뿐만 아니라 법을 위반하지 않았지만 이기적인 목적을 위해 강제력을 사용하거나 속이는 행위도 포함하는 개념이다. 이런 일반 정의는 법률적 범죄의 문화적 상대성의 문제를 해결하고, 재산범죄, 폭력범죄 등을 포괄함으로써 범죄에 대한 일반이론을 제시할 수 있는 이점을 제공한다.

이들은 범죄의 특성이 대중매체 등에 의해 잘못 묘사되고 있다고 보고 상식적인 범죄와는 다른 모습을 제시하고 있다. 실제 범죄 자료를 보면 대부분의 범죄는 얻는 것도 별로 없는 사소하고 세속적인 일이며, 범죄자는 지속적이거나 장기적인 이득을 취하는 경우가 드물다. 또한 많은 범죄시도는 잠재적 피해자에 의해 저항을 받기 때문에 성공하기 어렵고, 성공한 범죄조차도 범죄자가 얻는 이익은 보잘것없는 경우가 많다. 그리고 일반적인 범죄는 노력이나 계획, 준비, 기술이 거의 필요 없다. 따라서 범죄란 짜릿한 흥분과 모험을 동반하면서, 근시안적으로 손쉽게 욕구 충족을 추구한 결과로 볼 수 있다.

또한 갓프레드슨과 허쉬는 범죄학에 팽배해 있는 범죄 구분(예컨대 경범죄와 중범죄, 도구적 범죄와 표출적 범죄, 대인범죄와 재산범죄 등)이 형법에서는 중요할지 모르나 원인론의 관점에서는 부적절하고 잘못된 것이라고 보고 있다. 왜냐하면 모든 종류의 범죄와 비행은 행위자에게 즉각적이고 손쉬우며, 단기적인 쾌락을 제공한다는 측면에서 유사한 효능을 가지고 있으므로 한 종류의 범죄는 다른 범죄와 호환성을 갖기 때문이다. 그러므로 한 사람이 특정 범죄를 반복적으로 하기보다는 여러 다른 범죄를 서로 중복해서 저지른다. 따라서 범죄자들 사이에서 전문화는 존재하기 어렵다는 것이다.[8] 이와 같은 범죄의 특질로부터 범죄자의 특징이 추론될 수 있다. 범죄자는 장기적인 자기이익을 추구하기보다는 범죄행위를 통해서 즉각적이고 손쉬운 욕구 충족을 추구하며, 다양한 범죄행위뿐만 아니라 유사행위들(예컨대 사고, 흡연, 음주 등)도 저지르는 경향이 있다. 범죄 및 유사행위를 저지르는 개인들 간의 차등적 경향은 일생을 두고 안정적으로 유지된다.

다. 자기통제력

갓프레드슨과 허쉬는 자기통제력(self-control) 개념을 도입함으로써, 경험적 연구에서 반복적으로 확인되고 있었으나 고전적 전통에서 설명할 수 없었던, 범죄적 행위를 행할 가능성에서 개인 간의 안정적인 차이를 설명할 수 있게 된다. 그들은 자기통제력의 구성요소를 기술하면서 범죄행위의 속성으로부터 범죄행위와 자기통제력의

---

8) 화이트칼라 범죄도 예외는 아니다. 횡령과 협잡은 장기적인 관점에서 성공적으로 수행되기 어렵고, 또한 안정되고 정직한 수입에 비해 적고, 단기적인 이익만을 제공할 뿐이다(Gottfredson and Hirschi, 1990: 20).

관계를 도출하였다(Gottfredson and Hirschi, 1990: 91-98).

범죄행위의 속성과 관련해서 제시하고 있는 자기통제력의 6가지 구성요소를 보면, 첫째 범죄행위는 즉각적인 욕구 충족을 제공한다. 따라서 자기통제력이 낮은 사람은 '지금 여기서'의 즉각적인 욕구충족을 원하는 반면, 자기통제력이 높은 사람은 욕구충족을 지연시킬 수 있다. 둘째로, 범죄행위는 손쉽고 단순하게 욕구충족을 할 수 있는 기회를 제공한다. 따라서 자기통제력이 낮은 사람은 행동을 할 때 성실함이나 끈질김이 부족하다. 셋째, 범죄행위는 흥분되고, 짜릿하며, 위험한 행동이다. 자기통제력이 낮은 사람은 모험적이고, 활동적이며 말이 아닌 몸으로 스스로를 드러내는 경향이 있고, 반면에 높은 사람은 조심스럽고, 인지적이며, 말로 자신을 표현하는 경향이 있다. 넷째, 범죄행위는 장기적인 이익을 거의 제공하지 못한다. 자기통제력이 낮은 사람은 장기적인 관여를 못하여, 결혼생활, 친구관계, 직업경력이 매우 불안정한 경우가 많다. 다섯째, 범죄는 기술이나 계획이 거의 필요 없다. 따라서 자기통제력이 낮은 사람은 인지적 또는 학습된 기술을 가지고 있지 않거나 관심이 없고, 훈련이 필요한 현장 기술을 가질 필요가 없다. 마지막으로 범죄행위는 결과적으로 피해자의 고통과 불편을 야기한다. 따라서 자기통제력이 낮은 사람은 자기중심적이고, 다른 사람의 고통과 요구에 무관심하고 둔감하다.

요약하면, 자기통제력이 낮은 사람은 충동적이고, 무감각하고, 정신적이기보다 육체적이고, 위험하게 행동하고, 근시안적이고, 말보다는 행동이 앞서는 경향이 있으며, 따라서 범죄나 유사행위에 개입될 가능성이 높다. 반대로, 자기통제력이 높은 사람은 욕구충족을 지연시키고, 장기적인 이익을 생각하고, 조심스럽고 인지적이며, 행동보다는 말로 스스로를 드러내며, 타인의 욕구와 고통에 민감한 경향이 있다.

이와 같은 구성요소를 가진 자기통제력은 두 가지 주요한 특성이 있는데, 하나는 자기통제력이 일생 동안 안정적으로 유지된다는 사실이다. 6-8세 내외의 어린 시기에 생성된 자기통제력은 한 개인 내에서 그리고 개인들 간의 차이가 인생 전반을 통해 안정적으로 유지된다. 그리고 이미 형성된 자기통제력은 범죄뿐 아니라 이후의 인생과정 전반에 걸쳐 영향을 미친다. 학교생활, 친구관계, 직장 및 경력, 결혼생활에 걸쳐 영향을 미치기 때문에, 삶의 질의 측면에서 보면 자기통제력이 낮은 사람이 치르는 비용은 단지 범죄에 국한되는 것이 아니다. 사실 범죄는 심각하지 않는 결과 가운데 하나일 뿐이다(Gottfredson and Hirschi, 1990: 94; Turner and Piquero, 2002: 458-460). 두 번째 특성은 자기통제력이 낮은 사람들이 개입하는 범죄의 종류의 다양성, 즉 다능성(versatility)이다. 사실 범죄와 유사행위는 자기통제력이 낮은 것의 한 발현 행태일 뿐이고, 범죄자들은 개입하는 특정 범죄 행태로 전문화되기보다는 다양한 범죄나 유사행위를 저지르는 경향이 있다. 이로 인해 자기통제력이 낮은 사람들이 어떤 유형의 범죄를 저지를지를 예측하기 어렵게 된다. 여기서 주의를 요하는 것으로 자기통제력은 사람을 범죄로 내모는 특별한 특성이 아니며, 낮은 자기통제력은 행동이 가져오는 장기적인 부정적 결과에 대한 계산능력의 상대적 부족 혹은 부재를 의미한다. 따라서 자기통제력은 행위결과에 대한 개인의 평가와 상황에 대한 해석과 관련된 광범위한 기질(disposition)로 보아야 한다(Gottfredson and Hirschi, 1990: 96).

라. 자녀양육 : 낮은 자기통제력의 원인

갓프레드슨과 허쉬는 자기통제력이 약할 때 초래되는 결과에 비

해 그것이 어디로부터 오는지에 대해서는 상대적으로 잘 알지 못한
다고 한다. 즉, 자기통제력의 결과에 비해 그 원인은 정확히 알려져
있지 않다는 것이다. 하지만, 낮은 자기통제력은 훈련, 지도, 사회화
의 결과물이 아니라 그러한 것들의 부족에서 자연스럽게 주어지는
것이다. 자기통제력이 낮은 사람은 주로 인생의 초기에 사회화를 통
해 자신의 행동에 대한 통제력을 개발하지 못한 사람들이다.

두 저자는 자녀의 특성이 자기통제력의 차이에 영향을 미칠 수 있
다고 보고 있다. 그러나 개인적인 특성에 관계없이 효율적인 사회화
는 항상 가능하다고 주장한다. 그리고 부모와 관련해서는 부모가 비
사회적 행동을 적극적으로 사회화시키지 않는다고 보고, 낮은 자기통
제력의 주요 원인은 비효과적이고 불완전한 사회화, 즉 비효과적인
자녀양육의 산물로 보고 있다. 효과적인 자녀양육이 가능하기 위해서
는, 첫째 자녀의 행동을 감독하고, 둘째 일탈행동이 발생하면 이를
인지하고, 셋째 그러한 행동을 처벌하는 것이 필요하다. 그리고 이러
한 체계가 작동하기 위해서는 자녀에 대한 애착 혹은 투자가 필요하
다. 즉, 자녀를 아껴주는 사람이 자녀의 행동을 감독하고, 잘못된 행
동을 알아보고 처벌해야 한다. 이러한 양육의 결과, 욕구를 지연시킬
수 있고, 다른 사람의 이해관계와 욕구에 민감하고, 보다 독립적이고,
행동에 대한 통제를 수용하며, 따라서 자신의 목적을 위해 강제력을
행사하거나 속임수를 사용하지 않게 된다는 것이다.

요약하자면 낮은 자기통제력은 첫째 부모가 자녀를 아껴주지 않
거나, 둘째 자녀를 돌본다 하더라도 자녀의 행동을 파악할 시간과
에너지가 없거나, 셋째 자녀를 아끼고 행동을 파악한다 하더라도 자
녀의 잘못된 행동을 알아채지 못하거나, 넷째 위 세 가지 요건이 충
족되어도 자녀를 처벌하지 않으려 하거나 수단이 없어, 자녀가 자기

통제력을 충분히 개발하지 못한 데 그 원인이 있다.

이와 같은 자녀양육 모델을 가지고 자녀의 사회화와 범죄와의 관계를 보았을 때, 여기에 작용하는 첫 번째 요인으로는 '자녀에 대한 부모의 애착'(attachment of the parent to child)을 들 수 있다. 성공적인 자녀양육을 위한 필요조건으로 자녀의 복리와 행동에 부모가 갖는 관심을 가리키는 것이다. 모든 부모가 자녀를 사랑한다는 일반적인 상식과는 달리 자녀에게 무관심한 부모가 적지 않다. 그리고 최근 증가하고 있는 계부모의 경우 친자식이 아닌 자녀에게 애착을 느끼지 못할 가능성이 높다.

사회통제이론에서 허쉬(Hirschi, 1969)는 애착과 관련해서 보다 상세하게 논의하고 있다. 그는 자녀가 갖는 부모에의 애착이 자녀의 비행 억제에 미치는 과정을 검토하면서 애착을 실질적 감독(virtual supervision), 부모자녀 간의 의사소통의 친밀성 그리고 부모와의 애정적 동일시로 구분하여 설명하고 있다. 먼저 감독과 관련해서, 부모에 대해 애착을 갖는 자녀의 경우 부모와 함께 보내는 시간이 많기 때문에 범죄행동이 가능한 상황에 덜 노출된다는 것이다. 하지만, 범죄가 많은 시간을 필요로 하는 것이 아니고 또한 청소년의 경우 비행 기회 상황에 빈번히 노출되기 때문에, 부모와 함께 보내는 시간의 양보다는 범죄의 유혹이 존재하는 상황에서 부모가 심리적으로 고려되는지의 여부가 가장 중요하다고 보고 있다. 즉 범죄유혹 상황에서 부모의 반응에 대한 고려가 없다면 자녀는 그만큼 범죄행동을 자유롭게 할 수 있게 되는 것이다. 따라서 실질적 감독 개념은 직접적 감독보다는 자녀행동 시 부모가 심리적으로 내재화되어 고려되는 간접적인 감독을 가리키는 것이다(Hirschi, 1969: 88-90). 실질적 감독의 비행 억제 논리와 동일 선상에서 부모와의 의사소통 및 동일시와 관련해서는 자녀들이 부모와 정신적 생활을 공유할수록, 부모의 의견을 고려하여 행동할수록, 그리고 부모를 자신의 사회적·심리적 장(field)에서 고려할수록 법을 위반하는 행동을 삼가게 될 것이라고 설명한다(Hirschi, 1969: 90-94). 허쉬는 다른 통제요인들에 비해 애착 요소의 중요성을 강조하고, 특히 부모와의 애착 그 자체를 중요한 자녀의 비행 억제요인으로 보고 있다. 부모와의 애착이 갖는 도덕적 요소가 외재하는 것이 아니라 애착 그 자체에 직접적으로 존재한다고 보고 있는 것이다. 이와 같은 애착 개념과 그 하위 구성요소로 볼 때 부모에 대한 자녀의 애착 개념은 자녀에 대한 부모의 직접적 통제보다는 간접적인 통제를 강조하고, 또한 가족의 구조적 특성보다는 기능적 특성을 강조하는 것이다. 요약하면 자녀가 부모와 애착관계를 형성하여, 따라서 자녀가 행동할 때 부모를 실질적으로 고려하고, 정신적 생활을 공유하고, 부모와의 감정적 동일시기 존재할 때 자녀의 비행을 억제할 수 있는 반면 순응적 행동을 유도할 수 있다는 것이다.

둘째로, 부모의 감독(supervision)은 범죄나 유사행위를 방지하고, 동시에 자녀 스스로 그러한 것을 회피하도록 훈련시킨다. 셋째, 감독이 자기통제력에 영향을 미치기 위해서는 문제행동이 발생했을 때 '일탈행동에 대한 인지'(recognition of deviant acts)가 필요하다. 모든 부모가 자녀의 낮은 자기통제력을 인식하는 것이 아니며, 어떤 부모는 간섭하지 않고 내버려 두는 경우가 있다. 지나친 TV 시청, 학교 숙제하기, 폭력 사용 등에 대한 인지가 필요하다. 넷째, 통제이론에서는 일탈행동 그 자체가 보상이기 때문에 범죄행동을 방지하기 위해서는 '일탈행동에 대한 처벌'(punishment of deviant acts)이 반드시 필요하다. 하지만, 효과적인 처벌은 애착관계에 있는 사람이 바람직하지 못한 행동에 대해 분명하게 용인하지 않는 것만으로도 충분하다.

마. 가족환경과 자녀양육

자녀의 초기 사회화 과정에서 자기통제력의 생성에 영향을 미치는 가족환경으로서는 부모의 범죄성, 가족크기, 한부모 가족, 그리고 어머니의 취업 등이 지적되고 있다.

먼저 자기통제이론은 부모의 범죄성과 관련해서 부모의 자기통제력과 자녀의 자기통제력 간의 관련성에 주목하고, 자기통제력이 낮은 사람은 자녀를 효과적으로 사회화시키기 못한다고 지적한다. 전과가 있는 부모도 정상적인 부모와 마찬가지로 자녀가 범죄를 저지르지 않기를 바란다. 그러나 이것이 자녀의 범죄를 방지하기 위해 많은 노력을 기울인다는 것을 의미하지는 않는다(Gottfredson and Hirschi, 1990: 100). 범죄행동이 단기적인 보상을 지향하고 자녀양육이 장기적인 이익을 지향한다면, 자기통제력이 낮은 부모가 자녀의 자기통제력을 생성시키기는 쉽지 않을 것이다. 범죄경력이 있는 부모는 감독이 느슨하고, 부적절하고, 부실하다. 처벌 또한 손쉽고(easy), 근시안적이며 의미 없이 이루어진다.

"그러나 이러한 사실만으로 범죄가 특정 가족들에 집중되는 현상을 설명하기는 어렵다. 보다 중요하게는 비행에 대한 인지와 관련해서, 범죄성이 있는 부모들은 자녀의 범죄행위를 잘 인지하지 못하고, 처벌이 필요한 사소한 비행을 내버려 둔다. 말대꾸, 소리지르기, 밀치기와 같은 사소한 행동은 낮은 자기통제력의 표현임에도 불구하고, 이를 무시하거나 오히려 옹호하는 경우가 있다. 자녀의 잘못된 행동을 인지할 수 없는 부모는 그것을 교정할 수 없다. 잘못된 행동에 대한 인지는 자녀양육에 필요한 것으로, 부모는 자녀의 낮은 자기통제력을 보여주는 사소한 행동들을 잘 알고 있어야 한다. 이런 사소한 비행에 대한 반응은 부모에 따라 다른데, 어떤 부모들은 이런 행동을 교정하는 데 반해 다른 부모들은 무시하거나 오히려 옹호한다. 하지만 이런 사소한 비행들은 낮은 자기통제력의 표현이고, 개인적 수준에서 중요한 범죄의 원인인 것이다. 따라서 부모의 범죄성은 적절하지 못한 자녀양육, 특히 사소한 잘못된 행동에 대한 인지 및 처벌이 적절하게 이루어지지 않으므로 인해 자녀의 낮은 자기통제력과 범죄에 영향을 미치는 것이다(Gottfredson and Hirschi, 1990: 101-102)."

둘째로, 자기통제이론에서 주목하는 관련 요인으로는 자녀의 수가 있다. 즉, 자녀수가 많을수록 감독과 처벌이 어려워지며, 따라서 자녀가 많을수록 비행자가 될 가능성이 높다는 것이다. 자녀수가 많을수록 부모는 자녀양육에 투자할 시간과 노력이 부족하게 되며, 자녀들이 형제들과 함께 보내는 시간이 증가한다. 하지만, 형제들은 일탈행동에 허용적이고 또한 명령을 강제할 힘이 없기 때문에 부모와 같은 효과적인 훈육자가 될 수 없다.

셋째로, 어머니나 아버지만으로도 자녀를 충분히 양육할 수 있다고 보지만, 한부모 가족의 경우 양친부모에 의해 수행되는 가족에 대한 지지 활동과 생활유지 활동을 동시에 수행해야 하기 때문에 자녀양육에 어려움을 겪는다. 따라서 자녀의 행동을 감독하고 처벌할 시간이 부족하고 또한 자녀와 부정적인 관계를 형성하게 됨에 따라 체벌의 가능성이 높아진다. 그리고 재혼을 통해 구성된 재혼가족의 경우 계부모와 자녀와의 상호간 애착관계가 친부모에 비해 약해, 자녀양육에 문제를 안게 된다.

마지막으로 어머니의 취업은 결혼안정성에 부정적인 영향을 미치고, 또한 취업모의 경우 특히 자녀를 감독하는 데 어려움이 있어 전업주부에 비해 효과적으로 자녀를 양육하기 어렵다. 자녀의 감독에 대한 대안을 마련한 경우 그 효과는 덜하지만 외부의 도움이 없는, 경제적으로 어려운 환경에서 더 문제가 된다. 그리고 어머니의 취업으로 대부분 낮 시간에 집을 비워두게 되는데, 자녀들은 빈 집에 들어가지 않으려 한다.

갓프레드슨과 허쉬가 지적하고 있는 가족환경은 자녀통제력 형성에 핵심요인인 효과적인 자녀양육 시스템의 작동에 문제를 야기할 수 있는 요인으로, 자녀양육에 부정적 영향을 미쳐 결과적으로 자녀의 자기통제력 생성을 저해함으로써 자녀의 범죄를 유발할 수 있는 것들이다. 주목할 만한 사실은 부모의 학력, 가구소득, 부모 직업 등과 같은 가족의 사회경제적 지위 변수를 고려하지 않고 있다는 점이다. 위에서 지적하고 있는 가족환경은 대부분 자녀양육 모델이 효과적으로 작동하는 데 실질적인 문제를 초래할 수 있는 변수들로, 이는 가족의 구조적 환경이 아니라 자녀와 부모가 맺고 있는 관계의 질이 통제의 핵심이라고 보는 시각을 반영한 것으로 여겨진다.

바. 잔여변수들에 대한 논의

자녀의 범죄나 비행에 대해 자기통제력을 핵심 개념으로 도입한 자기통제이론은, 자기통제력의 형성에 있어서 부모에 의한 자녀 사회화를 강조한다. 하지만, 핵심적 인과관계 모형에 포함되지 않는 잔여변수들이 있는데, 첫째 자기통제이론에서는 연령효과 자체를 시공간에 관계없이 불변하는 변수로 인정하고 있다. 허쉬의 사회통제이론(Hirschi, 1969)이 내면적인 자기통제이론으로 발전하는데, 가장 중요한 해결과제는 연령의 문제였다. 부모 애착이 규범의 내면화를 통해 자녀의 비행행동에 미치는 효과에 대해서는 시간에 따른 비행의 차이를 설명하는 데 어려움이 있다는 것이다(Hirschi, 1969: 87). 규범의 내면화의 결과인 양심이 아동 초기에 형성되어 상대적으로 안정적이라면 초기 청소년기의 비행활동의 증가와 후기 청소년기의 감소를 설명할 수 없다는 것이다. 이 문제에 대해 범죄와 비행에 미치는 연령 그 자체의 효과를 인정함으로써 범죄의 연령분포 형태는 시간과 공간에 관계없이 일정하다는 것을 수용9)하고, 연령효과를 사회학적 설명 대상에서 제외된 잔여범주로 간주함으로써 나머지 변량만을 설명하고자 하였다(Hirschi and Gottfredson, 1993).

둘째로, 갓프레드슨과 허쉬는 자기통제력의 형성에 있어 부모에 의한 자녀양육 요인 외에도 자녀 개인의 특성에 따른 효과적인 사회화의 차이를 인정한다. 자녀양육을 부모와 자녀의 상호작용으로 볼 때, 사회화 대상인 자녀의 타고난 특성은 당연히 중요한 고려대상이 될 수밖에 없다는 것이다. 자녀의 타고난 개인적 특성과 관련해서는 주로 자녀의 성, 지능, 공격성, 충동성이 지적된다. 먼저, 성과 범죄와의 관계에 대한 범죄학의 경험적 연구를 보면 남성이 여성에 비해 더 높은 범죄율을 보인다. 자기통제이론은 이러한 성차(gender differences)에 대해 인정한다. 성차와 관련해서 "모든 종류의 범죄에서 성차는 인생의 초기에 성립하며, 인생 전반을 통해 지

---

9) 허쉬와 갓프레드슨은 1980년대에 걸쳐 연령 불변 명제(age invariance thesis)가 갖는 이론적·정책적 함의를 발전시키면서 범죄에 대한 일반 이론인 자기통제이론을 제시하였는데, 이는 허쉬의 이론적 저작에서 가장 중요한 변화로 평가된다(Taylor, 2001: 381). 이 명제는 시간공을 초월해서 적용되는 것으로 다양한 국가에서 검증되었다(Hirschi, 2005). 국내에서도 공식통계를 이용하여 이를 검증한 김현기(2001)의 연구가 있다.

속된다. 이는 성(sex) 간에 자기통제력에 있어서 실질적인 차이가 존재한다는 것을 의미한다"(Gottfredson and Hirschi, 1990: 147). 이러한 성차는 또한 부분적으로는 부모에 의한 자녀 사회화, 특히 감독의 차이로 설명된다. 가족에서 자녀를 양육할 때에도 남자보다 여자를 더 엄하게 감독한다는 것이다. 이에 더하여 남자가 여자보다 범죄를 저지를 기회가 많다는 점이 지적된다. 이는 여자가 남자보다 집 밖에서 보내는 시간이 적어 범죄를 저지를 기회가 상대적으로 적기 때문이다. 범죄기회가 동일한 경우에도, 남자가 여자보다 더 많은 범죄를 저지르는 것은 남자의 자기통제력이 여자보다 낮기 때문이라고 보고 있다. 범죄와 관련된 또 하나의 개인적 속성으로, 허쉬와 힌델랑(Hirschi and Hindelang, 1977)은 지능을 지적한 바가 있다. 이들은 지능이 낮을수록 범죄의 가능성이 높다고 보고 있다. 이는 낮은 지능이 학업수행에 부정적 영향을 미치고 학교생활에 잘 적응하지 못하게 하기 때문에 비행가능성을 높인다고 보았기 때문이다. 지능지수와 비행과는 관계는 강하지는 않지만, 적어도 사회계층과 비행 간의 관계 이상은 된다고 주장하였다. 이외에도 과잉행동, 신체적 건강, 말썽부리기와 같은 개인 차이가 자기통제력과 부적인 관계를 가지고 있을 가능성을 인정한다. 어떤 자녀의 경우 다른 아이들에 비해 이러한 특성이 강해 부모는 자녀의 사회화에 더 많은 어려움을 겪게 될 수 있기 때문이다. 하지만, 이런 개인 차이에도 불구하고 자녀에 대한 효과적 양육은 가능하다고 한다(Gottfredson and Hirschi, 1990: 96). 따라서 연령과 성을 제외한, 생물학적 요인을 고려할 필요가 있는 지능, 과잉행동, 신체적 건강 등의 개인특성 변수들은 자기통제이론에서 별다른 주목을 받지 못하고 있다. 자기통제이론은 생물학적 요인보다는 부모에 의한 자녀 사회화를 통한 범죄의 통제, 즉 사회학적인 범죄의 통제에 보다 이론의 초점을 맞추고 있는 것이다.

셋째로, 두 저자는 범죄의 직접적인 원인으로 낮은 자기통제력과 함께 범죄기회 변수의 독자적인 영향력을 인정하고 있다. 범죄가 발생하기 위해서는 잠재적인 범죄자, 매력적인 범죄대상과 함께 범죄기회가 동시에 있어야 한다. 즉, 범죄는 자기통제력과 범죄기회의 함수인 것이다. 범죄기회는 자기통제력과 관계가 있는데, 자기통제력이 낮은 사람이 보다 빈번히 범죄기회에 노출된다고 주장한다. 하지만, 범죄기회 변수에 대한 별도의 세부적인 논의는 진척시키지 않고 있다.

사. 자기통제이론에 대한 평가

자기통제이론 검토의 마지막으로, 자기통제이론의 장단점에 대해 살펴보겠다. 첫째 자기통제이론의 장점은 전통적인 통제이론의 기본 가정을 그대로 유지하면서도 논리적으로 매우 간결하고도(parsimonious) 일관성(consistency)을 유지하고 있다는 점을 들 수 있다(Akers, 1991; 1994). 둘째로, 자기통제력이라는 단일 요인으로 모든 범죄나 유사행위를 설명할 수 있다는 매우 대담하면서도(bold) 적용범위가 넓은 범죄에 대한 일반이론이라는 점이다. 또한 범죄의 정의가 문화적 상대성을 벗어나 있어 문화, 국가 간 비교연구도 가능하다는 사실도 자기통제이론의 매우 큰 장점이다(민수홍, 1996). 셋째로, 범죄로부터 멀리 떨어져 있는 자기통제력 개념으로 범죄를 설명한다는 장점도 지니고 있다. 사회학습이론은 비행친구와 같은 범죄와 동시에 발견되거나 근접해 있는 요인으로 범죄를 설명한다. 그러나 자기통제이론에서는 어린 시기에 자기통제력을 형성하지 못한 결과로 범죄를 설명하기 때문에, 다른 이론과는 달리 범죄에 대한 조기 예측도 가능하게 된다.

반대로 자기통제이론의 단점으로 가장 중요하게 지적되는 것은 자기통제력과 범죄가 동어반복적이라는 점이다(Akers, 1991). 자기통제력이 "개인에 있어서 범죄행위를 기피하는 정도의 안정적 차이"로 정의되어, 범죄와 구별해서 정의되지 못함에 따라 발생하는 문제이다. 특히, 자기통제력의 측정을 둘러싸고 태도적 측정에 비해 행위적 측정을 지지함(Hirschi and Gottfredson, 1993)으로써 이 문제는 피하기 어려운 문제로 남아 있다. 동어반복의 문제는 명제 자체를 부정하기 어려운 문제를 야기하기 때문에, 자기통제이론이 부정되기 어렵다는 문제가 제기된다. 둘째로, 기존의 사회통제이론에 비해 자기통제이론이 너무 미시적인 설명을 제시한다는 비판이 있다. 이러한 미시성으로 인해 사회학에서 중요한 변수인 사회계층이나 지역사회, 문화, 사회조직과 같은 거시적인 요인을 고려하지 않는 점이 문제로 지적된다(Tittle, 1991; Pratt, Turner, and Piquero, 2004). 셋째로는 범죄에 대한 일반이론으로서 화이트칼라 범죄나 조직범죄도 설명할 수 있는가에 대해 의문을 제기하는 학자들도 있다(Reed and Yeager, 1996).

2. 자기통제이론에 대한 경험적 연구

갓프레드슨과 허쉬에 의해 1990년에 발표된 자기통제이론은 범죄에 대한 일반이론으로 많은 학문적 관심과 논쟁의 대상이 되었고, 두 저자는 범죄관련 주요 학술지에서 가장 자주 인용되는 학자가 되었다(Cohn, Farrington and Wright, 1998). 자연히 이 이론에 대한 다양한 경험적 연구가 수행되었다. 이들 연구들에서는 자기통제력과 범죄 및 유사행위 그리고 범죄피해와의 관계에 대한 경험적 연구가 대부분을 점하고 있다. 반면에, 자기통제력의 형성과 관련해서 가족의 환경적 요인이나 자녀양육이 자기통제력의 형성에 미치는 효과에 대한 연구는 상대적으로 부족한 형편이다. 본 연구는 자기통제이론에 입각해서 세대 간 범죄전이 현상을 설명하는 것이 주된 목적이기 때문에, 부모의 범죄성이나 자기통제력이 자녀양육을 매개로 하여 자녀의 범죄에 미치는 영향을 검증한 논문을 중심으로 검토해야 한다. 하지만, 자기통제이론의 시각에서 아직까지 이 주제를 경험적으로 검증하는 연구는 찾을 수 없었다. 따라서 여기서는 자녀양육을 통한 자녀의 자기통제력의 형성을 다룬 연구를 중점적으로 살펴보고, 이어서 자기통제력과 범죄와의 관계를 다룬 연구를 검토할 것이다.

가. 자녀양육과 자기통제력의 관계에 대한 연구

갓프레드슨과 허쉬가 지적하고 있듯이, 자기통제력이 초래하는 결과에 비해 그것의 원인에 대해서는 상대적으로 잘 알려져 있지 않다(Goffredson and Hirschi, 1990). 또한 경험적 연구결과도 많이 축적되지 않아, 자녀양육과 자기통제력과의 관계는 아직은 해결되지 않은 과제로 남아 있다(Hay, 2001: 708). 충분하지는 않지만, 비교적 최근에 이 주제를 다룬 경험적 연구결과들이 나오고 있어 이를 검토해 보고자 한다.

일탈과 관련하여 자기통제와 사회통제의 관계를 연구하면서, 폴라코우스키(Polakowski, 1994)는 자기통제력의 원인과 관련된 내용을 일부 포함한 연구 결과를 제시하였다. 캠브리지 자료를 이용한 이차

분석 결과, 부모 및 형제의 범죄, 부모의 권위주의적 행동, 사회보장 수혜와 같은 가족환경적 조건들은 자녀의 효과적인 사회화에 부정적으로 작용하여 자녀의 낮은 자기통제력에 유의한 영향을 미치는 것으로 나타났다. 그리고 기대했던 대로 부모의 범죄와 사회보장 수혜는 부모의 감독에 부적인 영향을 미치는 것으로 나타났다. 결손가정은 낮은 자기통제력과 정적 관계가 존재했으나, 부모 감독과도 정적 관계가 존재해 기대와는 다른 결과를 제시하였다. 한편, 가족의 수입은 자녀의 자기통제력에 유의한 효과를 미치지 못하는 것으로 나타났다. 그리고 자녀의 자기통제력이 낮을수록 범죄는 증가하는 것으로 나타났다. 이러한 결과는 전체적으로 자기통제이론에서 주장하는 세대 간 범죄전이와 일치하는 결과로 볼 수 있을 것이다. 이외에도 이 연구에서는 낮은 자기통제력이 단일 요인으로 확인되었고, 또한 자기통제력의 시간적 안정성을 경험적으로 확인하는 결과를 제시했다. 그러나 이 연구에서는 자녀양육에 대한 포괄적인 측정이 존재하지 않아 자녀양육을 매개로 한 효과를 전체적으로 보여주지 못하는 한계가 있었다.

대학생을 대상으로 같은 시기에 제시된 두 연구는 서로 상이한 결과를 보여주고 있다. 깁스 등(Gibbs et al., 1998)은 부모의 관리변수와 자기통제력, 일탈과의 관계를 연구하였다. 조사결과 자기통제력을 통제한 상태에서 부모의 관리 변수가 범죄에 미치는 효과는 통계적으로 유의하지 않았고, 부모의 관리는 자기통제력을 매개변수로 한 간접적인 영향은 통계적으로 유의미하게 나타났다. 그리고 자녀의 성에 따라 자녀양육에는 별다른 차이가 없었으나, 성이 자녀의 자기통제력과 범죄에 미치는 직접적인 효과는 통계적으로 유의미한 것으로 나타났다. 같은 시기의 코흐란 등(Cochran et al., 1998)의 연구를 보면, 자기통제력의 형성과 관련해서 자녀양육 변수인 감독, 훈육과 애착 중에서 애착만이 유의미한 영향을 미쳤고, 자녀 특성으로는 성이 가장 큰 영향을 미치는 것으로 나타났다. 하지만, 투입된 모든 변수가 자기통제력의 14.2%만을 설명하고 있어, 자기통제력의 형성을 규명하기 위해서는 추가적인 변수를 고려해야 한다고 제안한다.

도시의 고등학생을 대상으로 헤이(Hay, 2001)가 실시한 자기기입식 조사에서, 그는 애착 변수는 감독, 인지, 처벌의 요건을 충족시키기 위한 주요 원인으로 보고 애착변수를 제외한 부모의 감독과 훈육 변수만을 사용하여 자기통제력과의 관계를 분석하였다. 분석 결과, 자기통제력 분산의 6-7% 정도만이 자녀양육에 의해 설명된다고 보고하였다. 바움린드(Baumrind)의 '권위적 자녀양육 이론'에서 사용하는 공정한 훈육, 비체벌적 형태의 훈육과 같은 변수를 추가로 투입하면 설명력이 3배 이상 증가한다는 결과에 근거해서 자녀양육 모델에 추가적인 변수를 고려해야 한다고 주장한다. 그리고 이 연구에서 발견된 흥미로운 사실은 이 연구에서 통제변수로 도입된 아동기 반사회성이 부모의 자녀양육과 독립적으로 자녀의 자기통제력에 영향을 미치는 것으로 나타났다는 점이다. 이 결과는 범죄성의 세대 전이에 대한 선행연구 검토에서 살펴본 샘슨과 라웁(1993)의 연구결과와도 유사한 것이다.

앞서 검토한 연구결과는 소규모의 학생집단을 대상으로 한 연구결과이다. 미국에서 전국적 대표성을 가진 자료를 분석한 최근의 연구 결과를 살펴보자. 프랫 등(Pratt et al., 2004)이 미국청소년종단조사를 이용하여 자기통제력의 원인을 분석하였다. 이들은 지역사회의 구조적 특징이 부모의 자녀 사회화에 영향을 미치고, 이를 통해 개인적 수준의 자기통제력에 영향을 미칠 것으로 예상하였다. 이웃의 조건들은 이웃에 특정한 조건에 문제가 있는지 그리고 지역민들이 이웃의 법규 준수 여부에 관심 정도로 측정하여 분석하였다. 후기 아동기의 행동문제 지수를 활용하여 동어반복의 문제를 피하면서도 행위적 척도를 사용하였다. 분석 결과를 보면, 이웃의 조건은 부모의 자녀 사회화에 영향을 미치고, 또한 이웃의 조건은 부모의 자녀 사회화만큼 강하게 자녀의 자기통제력에 영향을 미치는 것으로 나타났다. 따라서 자녀의 자기통제력 형성에 공동체의 구조적 특성 변수를 고려할 필요가 있다는 제안을 하고 있다. 페로니 등(Perrone et al, 2004)의 연구에서도 자녀양육이 자기통제력의 주요한 원인이긴 하지만, 자녀의 자기통제력이 부모의 자녀양육과 비행과의 관계를 완전히 매개하지는 못한다는 연구결과를 제시하였다. 이 연구에서 자녀의 자기통제력 형성에 부모의 자녀양육이 가장 강한 효과를 갖는 것으로 나타났으나, 가족구조, 인종, 자녀의 성 등도 자녀의 자기통제력에 유의한 영향을 미치는 것으로 밝혀졌다. 이 회귀 모델에 의한 자녀의 자기통제력에 대한 설명력이 7.2%로 낮은 수준이기 때문에, 자녀의 자기통제력 형성을 보다 잘 설명하기 위해서는 자녀양육 외에도 가족맥락 변수를 추가로 고려할 필요가 있다고 보았다.

코우프만 등(Cauffman et al., 2005)은 청소년 가해 집단(수형자)과 비가해 집단(고등학생)을 대상으로 한 비교연구에서, 신경심리학적인 변수인 공간작업 기억력이 자기통제력의 하위 차원인 미래지향성에 영향을 미치는 것으로 나타났다. 특히, 공간작업 기억력이 낮은 개인들이 미래지향성도 낮은 것으로 밝혀졌다. 즉, 신경심리학적인 결함이 자기통제력 구성 요소와 결합될 수 있는 가능성이 있다는 것이다. 자기통제이론에서 자기통제력을 제외한 심리학적 혹은 생물학적 개인 차이를 중요하게 고려하지 않고 있으나, 자기통제력의 결정요인에서 신경생물학의 역할을 제고해야 한다는 의견을 제시하고 있다.

한편, 국내에서 수행된 연구결과를 살펴보면, 고등학생과 공식적 비행 소년집단을 대상으로 한 김두섭·민수홍(1996)의 자기보고식 조사 결과, 고등학생 집단에서는 어머니의 취업, 부모 감독, 부부간 및 자녀훈육 시 난폭 언행 사용 등이 자녀의 자기통제력에 유의미한 영향을 미쳤으나 결손가정 여부, 자녀수와는 유의미한 관계가 나타나지 않았다. 특히 부모의 낮은 자기통제력을 드러내는 부부간의 난폭한 언행사용(β =.06)과 자녀훈계 시 부모의 난폭한 언행사용(β =.13)이 모두 자녀의 자기통제력에 유의한 영향을 미치는 것으로 나타났다. 한편, 공식비행 청소년 집단의 경우 어머니의 취업이 별다른 영향을 미치지 못하였으나, 두 집단 모두 투입된 독립변인이 자기통제력 분산의 13%가를 설명하는 것으로 나타났다. 같은 시기에 초등학생을 대상으로 한 연구(민수홍, 1996)에서도 남학생에 비해 여학생이, 어머니가 전업주부인 경우, 부모의 감독이 강할수록, 부부간 그리고 자녀 훈계 시 난폭한 언행을 사용하지 않을수록 자녀의 자기통제력이 높은 것으로 밝혀졌다. 자녀양육과 비행과의 관계를 통합이론적 시각에서 접근한 전영실(2001)은 부모의 일탈성이 강할수록 자녀양육이 적절치 못한 경향이 있으며, 자녀가 부모와 동일시하거나 존중하는 경향이 낮다고 보고하였다. 따라서 일탈성이 높은 부모의 자녀양육 방식에 관심을 가질 필요가 있다고 보고 있다.

부모의 자녀양육이 자기통제력 형성에 미치는 효과를 검증한 연구는 아직 충분한 연구결과가 축적되지는 않고 있다. 하지만 전체적으로 보면, 부모의 효과적인 자녀양육이 자녀의 자기통제력 형성에 영향을 미치는 중요한 요인인 것은 틀림없지만 단일한 결정 요인으로 보기 어렵다는 점에는 대부분의 연구결과가 일치하고 있다. 즉,

자기통제이론에서 제시되는 있는 자녀양육 모델만으로 자기통제력의 원인을 설명하는 데 한계가 있다는 것이다. 이러한 한계로 인해, 경험적 연구자들은 자녀의 자기통제력에 대한 설명력을 높이기 위해 다양한 대안들을 제시하고 있다. 자녀양육을 보다 광범위하게 측정하는 것, 자녀양육 외에도 가족의 배경요인을 고려하는 것, 그리고 어린 시기에 자녀가 드러내는 문제행동, 심리학적 및 생물학적 요인에 고려 등이 주로 대안으로 제시되고 있다. 따라서 자기통제력의 원인과 관련해서 자기통제이론이 보다 현실 적합성을 지니기 위해서는, 통제이론의 논리적 일관성을 유지한 상태에서 제시된 대안들을 고려할 필요는 있다고 판단된다.

나. 자기통제력과 범죄와의 관계에 대한 연구

앞서 언급하였듯이, 갓프레드슨과 허쉬의 자기통제이론에 대한 경험적 연구는 자기통제력의 발달에 대한 연구보다, 자기통제력의 결과, 즉 범죄, 유사행위 및 무모한 행동, 범죄피해, 부정적인 삶의 결과(부실한 사회적 유대, 나쁜 생활형태, 낮은 사회경제적 지위 등)에 집중되었다. 경험적 연구 과정에서 자기통제력에 대한 다양한 조작적 측정이 이루어졌고, 또한 연구마다 다양한 방법론적 접근이 이루어졌다. 자기통제력에 대한 측정은 태도나 행동 측면 혹은 두 가지 모두를 사용하기도 하였고, 연구설계도 횡단적 및 종단적 연구가 모두 진행되었다. 그리고 표본도 공동체와 가해자 표본, 청소년과 성인집단, 남성과 여성 집단 등에서 다양하게 적용되었다. 연구의 세부적인 주제에 따라 다음과 같은 다섯 가지 정도로 나누어 볼 수 있다.

첫째로, 갓프레드슨과 허쉬는 자기통제이론에서 문화적 차이는 범죄의 원인을 규명하는 데는 별다른 문제가 되지 않는다고 보았다. 범죄의 정의와 원인에서 차이점보다는 유사점을 강조하고, 단일 이론에 의해 문화 간 범죄율의 차이를 설명할 수 있다고 주장한다(Gottfredson and Hirschi, 1990: 174-179, 김두섭·민수홍, 1996: 22-23). 이 주장에 기반을 두어서 자기통제이론을 국제간 비교연구에 적용한 바즈소니 등(Vazsonyi et al., 2001)의 연구 결과를 보면, 자기통제력과 범죄와의 관계는 국가적 맥락과 독립적으로 지지되고 있는 것으로 나타났다. 자기통제력은 범죄 유형에 따라 10-16%의 변량을 설명하고, 전체 범죄의 20% 가량을 설명하는 것으로 밝혀졌다. 또한 자기통제력 측정은 서로 다른 국가에서 모든 성, 연령 집단에서 타당한 것으로 나타났고, 상이한 국가 범죄력과 범죄와의 관계에서 국가 간에 특별한 유형이 발견되지 않았다. 그리고 상이한 국가적 맥락에서 관찰된 일탈행동의 평균 수준은 독특한 모델, 측정, 설명이 필요 없고, 따라서 자기통제력과 범죄와의 관계는 연구에 포함된 모든 나라의 청소년에서 타당한 것으로 나타났다.

둘째, 모든 범죄 및 유사행위에 적용 가능하다는 자기통제이론의 적용범위와 관련해서, 친밀한 관계에서 발생하는 폭력은 잘 설명하지 못한다는 비판이 있었다. 교제 중인 대학생 985명을 대상으로 이성과의 관계에서의 폭력을 조사한 셀러스(Sellers, 1999)의 연구 결과, 자기통제력이 친밀한 관계에서의 폭력의 10% 가량을 설명하고, '범죄기회'와 '인지된 보상' 변수를 추가하면 17%정도를 설명하는 것으로 나타났다. 셀러스는 대체로 자기통제이론이 친밀한 관계에서 발생하는 폭력에도 적용될 수 있다는 것을 인정하지만, 범죄기회 및 인지된 보상이 이론적으로나 경험적으로 타당한 요인이라고 보고 있다. 그리고 음주운전과 자기통제력과의 관계를 경험적으로 연구한 케인 등(Keane et al., 1993)은 혈중알코올 농도, 안전벨트 착용 여부, 최근 1주일간 음주 횟수 등과 같은 객관적 측정 및 행위적 측정, 태도적 측정을 병행하여 연구를 수행한 2차 자료를 분석하였다. 그 결과에 의하면, 자기통제력과 음주운전과의 관계가 남녀 모두에서 검증되고 있다.

셋째, 갓프레드슨과 허쉬는 범죄 참여에 있어서 성차는 시공간을 초월해서 불변적이라고 주장한다. 즉, 남성이 여성에 비해 범죄를 범할 가능성이 높은 것으로 나타나는 성차는 어린 시기에 나타나기 시작해 성인이 되어서도 이러한 차이는 지속된다는 것이 자기통제이론의 시각이다. 그리고 범죄에서의 성차는 자기통제력에 의해 설명할 수 있고, 원인 변수로서 자기통제력은 남성과 여성 모두에게 적용될 수 있다는 입장이다. 이는 성별에 따른 특별이론을 부정하는 것이다. 성과 범죄와의 관계에 대한 자기통제이론에 대한 기존의 검증에서 성 변수는 통제변수로 이용하거나(Gibbs and Giever, 1995; Grasmick et al., 1993) 남성만을 대상으로 한 경우가 많이 있었다(Brownfield and Sorenson, 1993; Polakowski, 1994). 자기통제력이 성차와 동성 집단 내 범죄의 차이를 설명할 수 있는가를 검증한 경우를 보면, 성인 집단을 대상으로 한 조사에서 자기통제력을 분석에 투입하면 성과 범죄의 관계가 갖는 유의성이 사라져, 자기통제력이 성과 범죄의 차이를 설명하는 것으로 밝혀졌다. 하지만, 동성 집단 내에서 남성을 대상으로 한 분석에서는 자기통제력과 범죄와의 관계가 유의미하게 나타났으나, 여성에서는 자기통제력과 범죄와의 관계가 범죄기회 변수를 함께 고려했을 때만 유의미한 것으로 밝혀졌다. 그리고 유사행위에 대해서는 동성집단 내 관계가 유의하게 분석되어 전체적인 연구 결과는 자기통제이론을 지지하는 것으로 조사되었다(Burton et al., 1998). 또한, 라그랑과 실버맨(LaGrange and Silverman, 1999)에 의해 수행된 자기통제력과 범죄와의 관계에서 성차에 대한 연구결과를 보면, 자기통제력의 측정에 태도적 지표와 함께 음주와 흡연과 같은 행위적 지표도 포함하고 있다. 범죄기회 변수를 포함한 분석결과 범죄유형에 따라 차이가 있으나 약 40%의 범죄를 설명하고 있다. 성차와 관련해서, 범죄유형에 따라 자기통제력과 범죄기회 요소, 이들 간의 상호작용효과가 서로 상이하게 영향을 미쳐 자기통제이론을 부분적으로 지지한다고 결론내리고 있다.

넷째로, 범죄 피해 조사에 적용한 연구를 보면, 낮은 자기통제력은 대인범죄 및 재산범죄 피해 가능성을 증가시키는 것으로 밝혀졌다. 성과 수입과 같은 변수들을 통제했을 때 성과 수입이 갖는 설명력은 현저히 감소한 반면 자기통제력이 범죄피해에 미치는 효과는 증가하였다. 물론, 자기통제력이 통제된 경우에도 성 효과는 통계적으로 유의미하게 나타났다(Schreck, 1999). 낮은 자기통제력이 야기하는 결과와 관련해서, 범죄 및 유사행위뿐만 아니라 인생의 결과와 삶의 질에 미치는 효과를 검증한 연구도 있다. 에반스 등(Evans et al., 1997)의 연구에 의하면, 다양한 사회적 요인을 통제한 후에도 태도적 및 행위적 측면에서 측정한 자기통제력은 범죄에 영향을 미치는 것으로 밝혀졌다. 자기통제력에 대한 태도적 측정과 함께 행위적 측정을 포함한 경우 특히 그 관계가 강력한 것으로 나타났다. 나아가 낮은 자기통제력은 범죄 외에도 가족 및 친구와의 관계의 질, 교회 참여, 교육 및 직업적 성취, 결혼 전망과 부적으로 관계되었고, 또한 자기통제력이 낮은 개인은 무질서한 이웃에 거주할 가능성과 범죄집단 노출, 범죄적 가치를 내면화할 가능성이 높은 것으로 나타났다.10) 이러한 결과는 자기통제력이 범죄 및 유사행위와 함께 개인의 인생의 질과 인생의 결과에도 중요한 영향을 미친다는 것을 보여주는 것으로, 자기통제이론의 예측과 일치하는 것이다.

다섯째, 다양한 조사대상 집단에 대해서도 경험적 연구가 진행되었는데, 조사대상 집단을 약물이용 범죄자라는 동질적인 집단에 적용한 연구를 보면, 최근의 사기 및 폭력 범죄는 자기통제력이 낮은 사람들에 의해 더 많이 저질러지는 것으로 밝혀졌다(Longshore et al., 1996). 인종적으로 소수집단이 대부분인 약물이용자를 대상으로 한 이차자료를 분석한 결과를 보면, 자기통제력은 전체 범죄의 변량을 6-12%가량 설명하는 것으로 나타났다. 또한, 대학생을 대상으로 자기통제력과 수업결석 및 음주 횟수와의 관계를 분석한 결과, 음주 및 수업결석 모두에서 자기통제력이 성이나 집단 소속에 비해 가장 중요한 설명 변수로 밝혀졌다(Gibbs and Giever, 1995). 이러한 결과는 자기통제이론의 명제를 지지하는 것이다. 뿐만 아니라 자기통제력과 청소년의 공식 비행 및 자기보고 비행과의 관계를 연구한 브라운필드와 소렌손(Brownfield and Sorenson, 1993)의 분석 결과, 고등학생에서 자기통제력은 자기보고 비행에 통계적으로 유의한 영향을 미치지 못한 반면, 공식비행에서는 유의미한 관계가 있는 것으로 나타났다. 18세 이상의 성인을 대상으로 자기통제력과 범죄와의 관계를 검증한 글레스믹 등(Grasmick et al., 1993)의 연구 결과에서도 자기통제이론이 검증되고 있다. 이들은 자기통제력의 6가지 하위 구

---

10) 사회학습이론 변수인 범죄 집단 노출 및 범죄적 가치 내면화 변수는 자기통제력이 통제된 경우에도 여전히 영향력을 지니고 있어, 에반스 등(Evans et al., 1997: 494)은 이들 변수와 자기통제력이 상호배타적인 경쟁적 변수가 아니라는 입장을 보이고 있다. 즉, 두 관계가 복잡하고 상호보완적이라는 입장을 보이고 있다.

성요소에 대한 태도적 척도를 개발하여, 범죄기회 요소와 함께 범죄와 관계를 규명하였다. 분석 결과, 자기통제력이 단일 변수로 설명하는 경우보다 범죄기회 변수를 동시에 고려했을 때 설명력이 뚜렷이 높아져, 범죄기회 변수에 대한 이론적 정교화가 필요하다고 주장하고 있다. 특히 폭력범죄의 경우 자기통제력만으로는 설명력이 유의미하지 않았고, 범죄기회와의 상호작용을 고려한 경우 유의미한 효과가 있는 것으로 밝혀졌다.

마지막으로, 자기통제이론을 경험적으로 연구한 결과를 대상으로 메타분석을 실시한 프랫과 굴렌(Pratt and Cullen, 2000)의 메타분석 결과를 보면, 21개의 경험 연구에서 자기통제력은 범죄에 대해 평균 .27 정도의 영향(effect size=표준화된 상관계수)을 갖는다고 보고하였다. 특히, 자기통제력의 측정방법에 관계없이 낮은 자기통제력은 범죄와 유사행위의 중요한 예측 요인이고, 또한 낮은 자기통제력은 다양한 표본의 유형에서 모두 효과가 있는 것으로 밝혀졌다. 다만, 종단적 연구에서 그 효과는 다소 약화되는 것으로 나타났다. 이런 결과에 근거해서 낮은 자기통제력은 범죄 및 일탈에 중요한 요인이라 결론짓고 있다.[11]

부모의 자녀양육이나 가족환경과 자기통제력과의 관계와는 달리, 표본의 성격이나 자료수집 방법 등에 따라 다소간의 차이가 있기는 하지만, 전반적으로 자기통제력과 모든 범죄, 범죄피해, 유사행위와의 관계는 문화적 차이, 조사대상자의 특성에 관계없이 경험적 연구에서 안정적으로 지지되고 있다는 것을 알 수 있다.

---

11) 이들은 자기통제력이 범죄와 일탈의 유일한 원인인가에 대해 의문을 제기하고 있는데, 자기통제력을 통제한 경우에도 차별교제, 일탈적 정의와 같은 사회학습이론 변수가 범죄나 일탈에 일정한 영향을 계속 미치고 있음을 발견했기 때문이다.

제3절 분석틀 구성 및 가설설정

분석틀을 제시하기에 앞서 범죄성의 세대전이에 대한 자기통제이론의 입장을 보다 명료하게 하기 위해, 앞에서 살펴본 패링톤 등(Farrington et al, 2001)이 제시하고 있는 6가지 대안적 설명방식 각각에 대한 자기통제이론의 시각을 제시하고자 한다.

첫째, 부모의 자녀양육을 매개로 하여 부모자녀 간의 자기통제력의 전이를 통해 범죄의 세대 간 전이가 발생한다는 자기통제이론의 입장은 페링톤 등(2001)의 주장에서 네 번째 주장과 일치하는 것이다. 이 시각은 환경적 요인 중에서도 가족환경, 특히 부모의 자녀양육을 강조하는 입장이다. 자기통제이론에서 범죄의 직접적 원인은 낮은 자기통제력이다. 부모가 범죄경력이 있다는 것은 부모의 낮은 자기통제력이 발현된 하나의 사소한 결과에 지나지 않는다. 범죄성이 있는 부모는 자기통제력이 낮기 때문에, 범죄를 저지를 가능성이 높을 뿐만 아니라 자녀를 효과적으로 사회화시키지 못한 개연성이 높다. 그 결과 자녀 역시 범죄를 억제할 만한 적절한 자기통제력을 개발하기 못할 가능성이 높아지게 된다. 따라서 자기통제이론에서 가족을 통한 세대 간 범죄의 대물림 현상은, 부모의 범죄성이 직접적으로 자녀에게 전이된다기보다는, 부적절한 자녀양육을 매개로 하여 세대 간 자기통제력의 전이가 범죄의 전이로 나타나는 것이다. 이와 같은 세대 간 범죄전이 과정이 곧 범죄가 가족을 통해 지속되는 현상을 설명해 주며, 나아가 특정 가족에 범죄가 집중되는 현상의 한 원인이 되는 것이다.

이러한 자기통제이론의 설명 논리는 가족폭력의 세대 간 전이현상을 설명하는 데도 그대로 적용할 수 있을 것이다. 세대 간 가족폭력의 전이는 아버지의 폭력 사용을 아들이 배우거나 동일시를 통해 모방한 결과라기보다는 폭력을 문제해결의 방법으로 사용하는 아버지의 경우 자기통제력이 낮을 가능성이 높고, 따라서 자녀양육이 적절하게 이루어질 가능성도 낮아질 것이다. 부적절한 자녀양육의 결과로 자녀의 자기통제력도 낮아, 이후 새롭게 형성한 가족에서도 부인에게 폭력을 행사할 가능성이 높아질 것이다. 가족폭력의 세대 간 전이 현상을 다룬 가족학의 기존 연구에서는 폭력현상에만 관심을 집중하지만, 자기통제이론에서는 다능성 명제에 따라 가족폭력 범죄만이 아니라 다른 범죄나 유사행위도 전이되는 것으로 본다는 점에서 차이가 있다.

자기통제이론에서 부모의 범죄성, 즉 부모의 낮은 자기통제력 외에 자녀양육에 영향을 미치는 요인으로는 주로 가족의 사회인구학적 요인이 지적된다. 자녀수가 많을수록, 온전가정에 비해 결손가정에서, 어머니의 취업 여부에 따라 전업주부에 비해 취업한 경우에 자녀양육이 적절하게 이루어지지 못할 가능성이 높고, 따라서 자녀가 범죄를 억제할 수 있는 자기통제력을 형성하지 못해 범죄에 개입할 가능성이 높다고 본다. 가족의 이런 사회인구학적 특성은 자녀양육에 직접적으로 문제를 야기할 수 있는, 부모자녀 간의 관계의 질에 직접적 영향을 미치는 변수들이라는 특징을 가지고 있다.

둘째, 자기통제이론은 부모 범죄성이 자녀 범죄성으로 직접 전이된다는 시각을 인정하지 않는다. 갓프레드슨과 허쉬는 생물학적 실증주의에 대한 논의에서 유전적 전이 가능성은 거의 없거나 미미한 수준으로 통계적 유의성을 지닐 가능성은 적다고 보고 있다(Gottfredson and Hirschi, 1990: 59-61). 또한 자녀의 타고난 과잉행동, 지능, 충동성과 같은 개인 차이가 부모의 자녀양육에 어려움을 주는 것은 사실이지만, 그럼에도 효과적인 자녀양육은 가능하다는 입장을 취한다. 따라서 자기통제이론에서는 부모자녀 간 범죄성의 직접적 전이는 부정하며, 부모의 범죄성이 자녀양육을 매개로 하여 다음 세대로 전이되는 과정만을 인정한다.

셋째로, 범죄 가족 구성원 간의 상호영향의 결과로 보는 학습이론적 시각도 범죄전이에 대한 자기통제이론의 설명과 양립하기 어렵다. 왜냐하면 통제이론에서 범죄는 그것을 억제하는 요인이 작동하지 않으면 자연히 발생하는 것이지 범죄에 우호적인 정의나 기술을 별도로 학습하는 것이 필요하지 않기 때문이다. 손위 형이 동생에게 범죄를 가르칠 수 있다는 주장은 사회학습이론을 따르는 것으로, 범죄에 대한 학습 필요성을 부정하고 자기통제이론이 가정하고 있는 사회상을 고려하면 수용하기 어려운 주장이다.[12]

---

12) 이는 허쉬가 사회통제이론에서 상세하게 언급하고 있는 애착요인을 보면 쉽게 알 수 있다. 그는 부모와의 애착 그 자체가 범죄를 억제하는 효과가 있다고 보고 있다(Hirschi, 1969: 88). 중요한 타자들과 애착을 발전시키면 그들의 기대에 민감해져 비행을 삼가게 된다는 것이다. 이는 부모가 범죄자인 경우라도 자녀가 부모에 대해 강한 애착을 갖게 되면 비행을 저지를 가능성은 낮아진다는 것을 의미한다. 부모의 관심과 사랑을 받지 못한 자녀가 범죄자가 될 가능성이 높은 것은, 이들이 전과가 있는 형제나 비행친구들과 만나 비행에 우호적인 정의를 학습하고 범죄에 필요한 기술을 학습한 결과라기보다는, 부모와의 애착 자체를 형성하지 못했기 때문이라는 것이다. 자기통제이론에서는 비행 청소년들이 집단적으로 범죄를 일으킴에도 불구하고 사회학습이론에서 강력히 주장하는 또래효과를 허위적 효과로 부정하는 것이다(Gottfredson and Hirschi, 1990: 154-159). 사회통제이론에서도 허쉬(Hirschi, 1969: 159)는 친구의 선택을 순응에의 이해관계(stakes in conformity)로 설명한다. 순응에의 이해관계가 높은 사람은 친사회적 행동을 하는 반면, 이해관계가 낮은 경우 반사회적 선택을 할 가능성이 높다. 이런 순응에의 이해관계가 다른 경우 접촉이 이루어지더라도 같이 범죄를 하지 않는다는 것이다. 그는 지속적으로 무리짓기(flocking)보다는 유유상종(feathering)을 강조한다.

넷째로, 자기통제이론에서 주장하는 유유상종(feathering)의 논리는 캠브리지나 피츠버그 연구에서 공히 발견되는 부부간 범죄성의 유사성을 설명하는 논리로도 적용될 수 있을 것이다. 자기통제이론은 자기통제력이 유사한 사람끼리 서로 어울린다는 유유상종의 논리를 내포하고 있다. 이러한 논리는 동성 친구의 선택뿐 아니라 이성 배우자 선택에 대해서도 적용될 수 있다. 배우자 선택에서도 자기통제력의 유사성, 즉 유유상종의 원리가 적용됨으로 인해, 전과가 있는 아버지는 전과자 어머니와 결혼할 가능성이 높고, 또한 양친이 모두 범죄자인 자녀는 더욱이 범죄자가 될 가능성이 높아 범죄가 특정 가족에서 집중되고 가족을 통해 세대 간 전이될 가능성이 높은 것이다.

다섯째, 범죄가족이라는 낙인효과로 인해 세대 간 범죄전이가 발생한다는 논리도 자기통제이론에서 수용되기 어렵다. 자기통제력이 낮은 사람들이 범죄를 많이 저지르고 이로 인해 낙인이 주어지는 것이지, 자녀의 범죄성에 관계없이 아버지가 전과자라는 이유로 자녀도 범죄자로 낙인될 가능성은 거의 없기 때문이다(cf, 민수홍, 2005). 패링톤 등(2001)도 낙인이론적 시각을 단일한 설명 요인으로 보기 어렵다는 입장을 취하기 때문에, 이 연구에서는 논의의 대상에서 제외하고자 한다.

마지막으로 패링톤 등(2001)이 세대를 이어 범죄를 유발하는 위험요소에 반복적으로 노출됨으로써 범죄전이가 발생한다는 그들의 설

통제이론의 이런 논리를 형제 간에 적용해 보면, 범죄성이 강한 형은 부모의 잘못된 자녀양육의 결과일 것이다. 즉, 부모와의 애착도 낮고, 잘못된 행동에 대해 적절한 감독이나 처벌을 받지 못했을 것이다. 이로 인해 자기통제력을 개발하지 못한 결과, 범죄를 저지를 가능성도 높은 것이다. 동일한 부모 밑에서 자란 형제는 비슷한 자녀양육을 받았을 가능성이 높기 때문에 형제가 동시에 범죄자가 될 가능성이 높고, 또한 형제간의 우의도 낮을 것이다.

명에서, 위험요소로 지적된 내용 중 자기통제이론에서 수용가능한 내용과 그렇지 않는 것이 혼재해 있다. 결손가정 요소는 자기통제이론과 일치하지만, 자기통제이론에서는 결손 그 자체가 자녀의 범죄를 유발한다기보다는 결손으로 인해 자녀양육, 특히 감독에 불리한 위치에 처하게 되고, 이로 인해 자녀의 자기통제력이 효과적으로 형성되지 못해 자녀의 범죄가 발생하는 것으로 설명한다. 그러나 빈곤이 자녀의 범죄를 야기한다는 주장은 긴장이론에 기반을 둔 설명으로 자기통제이론에서는 수용하기 어려운 것이다. 하지만, 빈곤지역에 거주로 인해 범죄기회에 더 많이 노출될 수 있다는 점에서는 자녀 범죄에 영향을 미칠 수는 있을 것이다.

이상의 논의를 요약하면, 가족을 통한 범죄전이 현상에 대해 자기통제이론에서는 가족환경, 특히 부모의 자녀양육 변수를 강조한다. 그리고 패링톤 등이 주장하는 6가지 중에서 범죄성이 유사한 사람과의 동질혼 설명은 유유상종의 논리로 수용할 수 있는 것이다. 그리고 세대를 이은 범죄위험 요소에의 반복 노출에서는 결손가정은 수용할 수 있고, 빈곤 지역 거주는 범죄기회 측면에서 자녀의 범죄를 증가시킬 것으로 판단된다. 하지만, 빈곤 그 자체나 범죄가족 구성원 간의 직접적 그리고 상호적 영향, 유전적 전이, 범죄가족에 대한 낙인 등에 의한 전이 주장 역시 자기통제이론과 양립하기 어려운 것이다. 범죄의 세대 간 전이에 대해 자기통제이론에서는 부모의 자녀양육, 그리고 자녀양육을 둘러싼 가족의 사회인구학적 특성과 같은 매우 제한된 변수만으로 설명을 제시한다는 점에서 매우 간결하고 논리적으로 일관된 이론을 제시하고 있다. 통제이론이 전통적으로 가족에 초점을 맞춘다는 것 외에도, 지적한 장점들이 본 연구에서 자기통제이론을 적용하고자 하는 이유이기도 하다.

이와 같은 자기통제이론적 시각에서 범죄성의 세대 간 전이 과정을 밝힌 선행연구 결과를 평가해 보고자 한다. 샘슨과 라웁(Sampson and Laub, 1993)의 경험적 연구, 즉 부모의 범죄성은 자녀양육을 매개로 해서만 자녀의 범죄에 유의한 영향을 미친다는 연구결과는 자기통제이론 주장과 일치하는 것이다. 그리고 아버지의 범죄성에도 불구하고 어머니의 양육이 효과적이면 범죄를 예방할 수 있다는 맥코드(McCord, 1991)의 연구결과도 자기통제이론적 시각을 지지하는 결과로 볼 수 있다. 이와는 반대로, 부모의 범죄성이 자녀양육 변수를 매개로 하지 않고 직접적으로 자녀 범죄성에 영향을 미치는 연구모형이 가장 적합하다는 로우와 패링톤(Rowe and Farrington, 1997)의 연구결과는 자기통제이론의 주장을 정면으로 부정하는 것이다. 그러나 자기통제이론의 시각에서 보면 이 연구에서 사용된 캠브리지 자료가 자녀양육을 포괄적으로 측정하지 않고 있으며, 부모의 유죄판결 여부로 부모의 범죄성을 측정하고 있어 자기통제력을 충분히 측정한다고 보기 어렵다. 그리고 회귀분석 결과에서 자녀양육 변수를 추가하면 설명력이 증가하고 있다. 캠브리지 연구나 피츠버그 청소년 연구 자료를 이용한 다른 연구들(Farrington, 1992; 1995; Farrington et al., 2001)도 자녀양육 변수를 포괄적으로 측정하지 못하고 있다는 문제를 안고 있다. 즉, 범죄성의 직접적 전이 주장하는 연구들이 모두 이런 문제를 안고 있기 때문에 이들의 연구결과는 추가적인 경험적 연구가 요구되는 다분히 잠정적인 결론으로 보는 것이 타당할 것이다. 더욱이 이들의 경험적 연구들은 탐색적 연구의 성격이 강해 일관된 이론적 근거가 취약한 상태에서 진행된 것이다. 이로 인해 범죄성의 세대 전이 과정을 규명하기 위해서는 논리적으로 일관된 이론적 자원을 적용하는 노력이 필요하다. 따라서 본 연구에서는 자기통제이론의 시각에 따라 세대 간 범죄전이는 부모의 자녀양육을 매개로 하여 부모의 낮은 자기통제력이 자녀의 낮은 자기통제력으로 간접적으로 전이될 것이라는 주장을 따라, 이를 경험적으로 검증해 보고자 한다. 자기통제이론에서는 범죄성의 직접 전이 주장을 수용하지 않기 때문에 본 연구의 분석대상에서 제외되며, 자녀양육을 통한 간접 전이 주장만을 검증할 것이다.

본 연구의 구체적인 모형 구성을 위해, 자기통제이론에 대한 비판 및 분석에 활용되는 자료의 한계와 관련해서 세 가지 사항을 언급하고자 한다.

첫째로, 본 연구에서 세대 간 전이되는 것으로 간주되는 '범죄성'을 무엇으로 규정할 것인가 하는 문제와 관련된 것이다. 자기통제이론에 대한 가장 핵심적인 비판의 하나는 자기통제력과 범죄 간의 관계에 대한 것이다(Akers, 1991). 자기통제력이 범죄를 저지르거나 삼가는 차별적 경향으로 정의되기 있기 때문에 자기통제력이 범죄와 구분되어 정의되지 못하고, 그에 따라 동어반복의 문제가 발생한다. 그리고 자기통제력의 측정과 관련해서 허쉬와 갓프레드슨은 태도적 측정에 비해 유사행위와 같은 행위적 측정을 더 바람직하다고 옹호하는데(Hirschi and Gottfredson, 1993), 이로 인해 자기통제력이론은 동어반복의 문제를 피하기 어려운 것으로 여겨진다.

그리고 갓프레슨과 허쉬가 자기통제력 개념을 구상하게 된 것은 범죄를 범하는 데 있어서 개인 간의 차이의 안정성, 즉 범죄행위가 범죄행위를 예측한다는 안정성 효과(stability effect)를 수용하였기 때문이다(Hirschi, 2005). 안정성 효과를 개념화하는 과정에서 자기통제력 외에도 '범죄성'과 '양심'을 개념을 대안적으로 검토했으나, '범죄성' 개념이 자신들이 비판하고 있는 실증주의적 경향을 반영하고 있어 적절하지 않다고 결론짓고 있다. 통제이론의 시각에서는 범죄를 통제하는 개념이 필요했으나, 범죄성 개념은 결정론적이고 또한 개인으로 하여금 적극적으로 범죄를 하도록 내모는 느낌을 주기 때문이다(Gottfredson and Hirschi, 1990: 87-89). 그럼에도, 낮은 자기통제력 개념이 범죄성 개념과 정확히 일치하지는 않지만 유사 개념으로 볼 수 있는 것은 사실이다. 따라서 본 연구에서 낮은 자기통제력, 즉 범죄성의 세대 간 전이 과정에 분석의 초점이 두어질 것이다. 즉, 본 연구의 최종 분석모형은 부모의 범죄성, 즉 낮은 자기통제력이 잘못된 자녀양육을 매개로 하여 자녀의 범죄성, 즉 낮은 자기통제력으로 간접적으로 전이된다는 자기통제이론의 주장을 경험적으로 검증하는 데 중점이 두어질 것이다. 특히, 활용되고 있는 자료가 부모의 범죄행위를 포괄적으로 측정하지 않고 있고, 또한 자녀를 통해 부모의 범죄를 측정하는 것이 현실적으로 문제가 있을 수 있다는 점에서 이런 접근이 더 타당할 것으로 판단되기 때문이다.

두 번째로, 자료수집 방법에 따른 변수들 간 인과관계 설정의 문제이다. 범죄의 세대 간 전이 현상을 다룬 영국이나 미국의 기존 연구는 대부분 종단 연구설계를 기본으로 하고, 또한 조사대상자 본인, 부모, 교사와 전문가(사회복지사, 심리학자 등)에 대한 여러 차례에 걸친 자료수집을 통해 확보된 자료를 기초로 진행된 것이다. 특히, 캠브리지 연구의 경우 전과에 대해서는 공식기관의 자료를 지속적으로 확보하여 진행된 것이다. 이와는 달리, 본 연구에서 사용되는 자료는 종단연구가 아닌 횡단연구로 단일 시점에서 조사대상자에 대한 회고적인(retrospective) 자기기입식 설문을 통해 확보되었다. 그렇기 때문에, 이 자료를 기초로 시간적 순서를 정해 인과관계를 설정하는 것이 문제가 될 수 있다. 구체적으로 부모의 자기통제력, 자녀양육,

자녀의 자기통제력, 그리고 범죄 변수들 간의 시간적 우선순위의 문제가 있을 수 있다. 부모와 자녀의 자기통제력이 인생의 어린 시기에 형성되고 이후 인생 전반에 걸쳐 안정적이라는 자기통제이론의 기본 가정은 기존 경험적 연구에서도 검증되고 있다(Polakowski, 1994; Turner and Piquero, 2002). 범죄성의 시간적 안정성은 패링턴의 연구(Farrington, 1997)와 사회학습이론을 따르는 강압이론가인 패트슨 등의 연구(Patterson et al., 1992)에서도 검증되고 있다. 이런 개인의 자기통제력의 시간적 안정성은 이를 검증한 경험적 연구성과에 기초해서 볼 때 별다른 문제가 없을 것으로 여겨진다. 따라서 어린 시기에 형성된 부모의 자기통제력이 시간적으로 가장 우선하되, 이는 부모 범죄의 원인이 되며 동시 자녀양육에 영향을 미치는 것으로 설정할 수 있다.

그리고 자기통제력이 어린 시기에 형성된다면 중, 고등학생을 대상으로 단일 조사시점에서 측정된 자녀양육이 자녀의 자기통제력의 원인으로 볼 수 있는가의 문제가 있다. 이 문제는 부모에 의한 자녀양육의 안정성을 가정함으로써 해결될 수 있을 것이다. 오클랜드와 버클리의 종단연구 자료를 분석한 엘더 등(Elder et al, 1983)에 따르면 부모 훈육의 붕괴는 3-5년간의 간격을 두고 측정한 결과 매우 안정적인(r=.63) 것으로 나타났다. 또한 자녀양육에 대한 태도뿐만 아니라 자녀양육의 실행도 시간을 두고 매우 안정적인 것으로 밝혀졌다. 패트슨과 뱅크(Patterson and Bank, 1989)가 자녀의 반사회적 행동과 부모의 가족관리 실행 간의 관계를 시차를 두고 연구한 결과, 4학년에서 6학년까지 부모의 감독, 훈육 잠재변인이 자녀의 반사회적 행동에 미치는 경로계수는 매우 유의미하게 크고, 또한 그 크기도 거의 같은 것을 근거로 자녀양육이 매우 안정적인 것으로 보고하고 있다. 기존에 축적된 경험적 연구 결과에 기초해 볼 때, 여기서 부모의 자녀양육이 시간에 따라 안정적일 것이라고 가정하는 것은 무리가 아닐 것으로 여겨진다.

셋째로, 자기통제이론에서는 제시되어 있지 않지만 가족의 사회경제적 지위 변수가 자녀양육에 영향을 미치는가를 알아보고자 한다. 그 이유는 패링톤 등(Farrington et al, 2001)도 빈곤의 굴레가 범죄 전이에 영향을 미친다고 보고 있고, 샘슨과 라웁(Sampson and Laub, 1993)도 가족구조 변수에 가족의 사회경제적 지위 변수를 포함시키고 있기 때문이다. 그리고 강압이론적 관점에서 가족의 사회경제적 지위가 부모관리를 통해 자녀의 범죄에 영향을 미친다는 연구결과(Larzelere and Patterson, 1990)를 제시하고 있기 때문이다. 가족의 사회경제적 지위는 부모관리를 통제한 상태에서는 직접 자녀의 비행에 영향을 미치지 않았으나 부모관리를 매개로 해서는 자녀비행에 영향을 미친다는 것이다.[13] 물론, 여기서 가족의 사회경제적 위치를 고려하는 것은 긴장이론적 차원에서가 아니라 가족의 사회경제적 지위가 자녀양육에 미치는 효과를 검증하기 위한 것이다. 여기서 가족의 사회인구학적인 변수는 시간적으로 자녀양육에 선행하는 것으로 가정하며, 사회경제적 지위가 높을수록 자녀양육이 효과적으로 진행될 것으로 가정한다.

지금까지의 논의에 기초해서, 범죄성의 세대 간 전이 과정에 대한 분석틀을 그림 <그림 2-1>과 같이 설정하였다. 먼저, 자기통제이론에 따라 부모 및 자녀의 자기통제력은 각각 부모 범죄와 자녀 범죄에 직접적으로 영향을 미치는 것으로 구성하였고, 자녀의 경우 별도

---

13) 국내에서는 진행된 연구에서 사회계층은 자녀범죄에 직접적으로 영향을 미치지는 않지만, 자녀양육을 통해 간접적인 영향을 미친다는 주장을 검증한 연구가 있다(기광도, 2001).

로 연령이 자녀의 자기통제력에 상관없이 범죄에 직접적으로 영향을 미치는 외생 변수로 추가되었다. 그리고 어머니와 아버지의 자기통제력은 자녀의 양육을 매개하여 자녀의 자기통제력에 영향을 미치는 간접적인 인과관계가 설정되었다. 자녀양육과 관련해 영향을 미치는 가족요인으로는 결손가정 여부, 자녀수, 어머니의 취업과 같은 가족의 사회인구학적 및 사회경제적 지위 변수가 자녀양육에 영향을 미치는 것으로 설정되었다. 또한, 자녀양육은 자녀의 자기통제력에 영향을 미치는 방향으로 모형이 설정되었다. 여기서 외생변수로는 성이 자녀양육에서 특히 감독에 영향을 미치고, 또한 자녀의 자기통제력에 영향을 미치는 변수로 설정되었다.

<그림 2-1> 범죄성의 세대전이 과정에 대한 분석틀

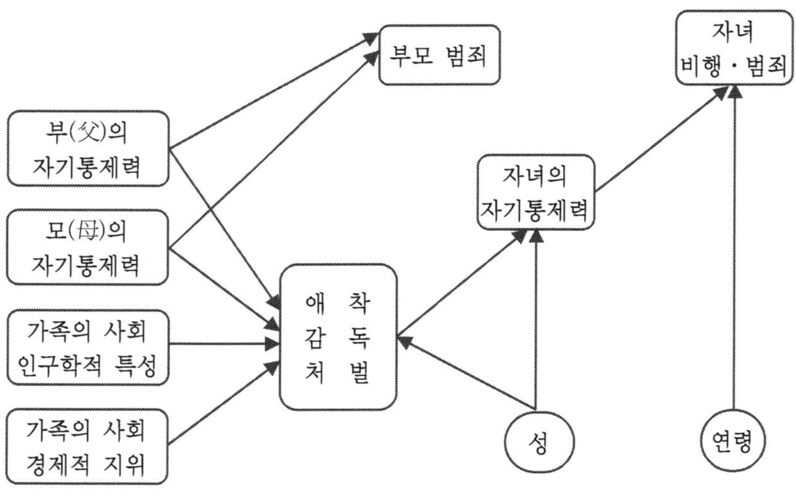

위의 그림은 본 연구에서 다루고자 하는 모든 변수들 간의 경로들로 표현된 다음과 같은 일련의 가설들을 도식화한 것이다. 가설

제시 전에 한 가지 언급할 사실은, 가설을 제시하는 문장이 긍정적 진술보다는 부정적으로 기술하는 것이 더 적절하다고 판단된다는 점이다. 자기통제이론에서 범죄는 범죄를 적극적으로 유발시키는 적극적인 동기나 학습의 결과라기보다는 효과적인 자녀양육을 통한 자기통제력을 형성하지 못한 자연적 결과물이기 때문이다.

가. 가족환경과 자녀양육 관련 가설

자기통제이론에 따라 부모의 자기통제력을 포함한 가족환경과 자녀양육에 대한 가설이 먼저 제시되었다. 가설1은 범죄성이 강한 부모, 곧 자기통제력이 낮은 부모는 자녀를 효과적으로 양육하지 못할 것이라는 주장을 가설화한 것이다. 부적절한 자녀양육은 부모와 자녀간의 애착이 형성되지 않고, 자녀의 행동에 대한 부모의 감독이 적절하게 이루어지지 않으며, 그리고 자녀의 잘못된 행동을 부모가 적절하게 처벌하지 못한다는 것을 의미한다.

다음으로, 부모의 자기통제력 외에 자녀양육에 영향을 미치는 요인과 관련해서는 가설2에 제시되었는데, 먼저 결손가정, 자녀수 그리고 어머니의 취업이 부모의 자녀양육에 부정적인 영향을 미칠 것이라는 주장이다. 온전가정에 비해 결손가정에서, 자녀수가 많을수록 부모가 자녀와 애착을 형성하고, 자녀의 행동을 감독하고 잘못된 행동에 대해 적절하게 처벌하는 데 더 많은 어려움을 겪을 것이라는 주장이다. 여기서, 어머니의 취업과 관련해서는 자녀양육기의 취업여부가 아니라 조사 시점 당시의 취업여부이기 때문에, 전업주부에 비해 어머니가 취업한 경우에 자녀 행동에 대한 감독만이 효과적으로 이루어지지 않을 것이라는 가설을 제시하였다.

갓프레드슨과 허쉬는 자녀양육과 관련해서 가족의 경제적 지위에 대해서는 별다른 언급을 하지 않고 있다. 하지만, 여기서는 부모의 교육수준이나 가족의 경제적 위치는 자녀양육과 정적인 관계를 보일 것이라는 가설을 제시하였다. 그리고 자녀양육과 관련해서는 자녀의 성에 따라 부모의 감독에 영향을 미치는데, 아들에 비해 딸에 대한 감독이 더 엄격할 것으로 가설화하였다.

가설 1. 부모의 자기통제력이 낮을수록 부모의 자녀양육이 적절하게 이루어지지 않을 것이다.

가설 2-1. 자녀수가 많을수록 자녀양육이 적절하게 이루어지지 않을 것이다.

2-2. 온전가정에 비해 결손가정에서 자녀양육이 비효과적으로 이루어질 것이다.

2-3. 전업주부에 비해 어머니가 취업한 경우에 자녀의 행동에 대한 감독이 적절하게 이루어지지 않을 것이다.

2-4. 가족의 사회경제적 지위가 낮을수록 자녀양육이 비효과적으로 이루어질 것이다.

2-5. 자녀의 성에 따라 아들에 비해 딸에 대한 감독이 더 강할 것이다.

나. 자녀양육과 자기통제력 관련 가설

다음으로, 자녀의 자기통제력 형성에 미치는 요인에 대한 가설이 제시되었다. 자녀의 자기통제력은 자녀양육과 자녀의 성에 의해 영향을 받는 것으로 설정되었는데, 부모와의 애착이 잘 이루어지지 않고, 자녀를 감독하지 못하고, 그리고 잘못된 행동에 대한 적절한 처벌이 주어지지 않으면 자녀가 자기통제력을 효과적으로 형성되지 못할 것으로 예측하고 있다. 그리고 자녀의 성과 관련해서는 자녀양육에 관계없이 성에 따라 남성이 여성에 비해 자기통제력이 더 낮을 것으로 예측한다.

가설 3-1. 자녀의 부모에 대한 애착이 약할수록 자녀의 자기통제력도 낮을 것이다.

　　3-2. 자녀행동에 대한 부모의 감독이 약할수록 자녀의 자기통제력도 낮을 것이다.

　　3-3. 자녀의 잘못된 행동에 대한 부모의 처벌이 적절하게 주어지지 않으면 자녀의
　　　　자기통제력이 낮을 것이다.

가설 4. 부모의 자녀양육에 관계없이 자녀의 성에 따라 딸에 비해 아들의 자기통제력이
　　　　낮을 것이다.

다. 자기통제력과 범죄와의 관계에 대한 가설

자기통제력이 범죄에 미치는 효과는 부모와 자녀 모두에게 적용하여 제시되었다. 모두 자기통제력이 낮을수록 범죄를 저지를 가능성이 더 높은 것으로 설정되었다. 조사대상 자녀들이 중, 고등학생인 관계로 10대 후반까지는 지속적으로 범죄가 증가한다는 연령불변 명제에 따라, 자기통제력과는 상관없이 자녀의 연령이 증가할수록 범죄를 더 많이 저지를 것이라는 가설을 제시하였다.

가설 5. 부모나 자녀 모두 자기통제력이 낮을수록 더 많은 범죄를 저지를 것이다.

가설 6. 자녀의 자기통제력과 상관없이 10대 후반까지는 연령이 높을수록 비행과 범죄는
　　　　증가할 것이다.

라. 세대 간 범죄전이 과정에 대한 가설

마지막으로, 본 연구의 핵심적 관심사인 세대 간 범죄전이와 관련해서는, 첫째 범죄의 세대 간 전이를 부모의 범죄성이 강할수록 자녀의 범죄성도 높을 것으로 가설을 제시하였다. 이는 두 가지 형태로 제시되었는데, 첫째로 부모자녀 간에는 범죄행위 및 자기통제력에서 정적 상관관계를 보일 것이라는 가설로 제시되었다. 둘째로, 범죄성의 세대 간 전이 과정과 관련해서는 자기통제이론에 따라 자녀양육을 통해 매개될 것이라는 가설로 제시되었다.

가설 7-1. 부모가 범죄행위를 많이 할수록 자녀의 범죄행위도 증가할 것이다.

가설 7-2. 부모의 자기통제력이 낮을수록 자녀의 자기통제력도 낮을 것이다.

가설 8. 세대 간 범죄성의 전이는 부모의 낮은 자기통제력이 비효과적인 자녀양육을 매개로 하여 자녀의 낮은 자기통제력으로 전이될 것이다.

III. 연구방법

제1절 자료수집 및 분석방법

1. 조사자료

본 연구에서 사용한 자료는 2001년 9월 중순부터 1개월가량 서울 시내 중, 고등학생을 대상으로 자기기입식 설문조사를 실시하여 수집한 것이다. 조사대상 학교는 서울 시내를 강남과 강북으로 구분한 후 이를 다시 동서로 4등분하여 각 지역 내에서 사회경제적 수준을 고려하여 고르게 표집하였다. 학교 표집 시 중, 고등학교의 교급과 고등학교의 경우 일반계와 실업계의 계열 및 성별을 동시에 고려하였다. 중학교는 4개교를 선정하였고, 고등학교의 경우 인문계 고등학교 4개교(남자고등학교 2개교, 여자고등학교 2개교), 실업계 고등학교 3개교가 모두 포함되도록 선정하였다(민수홍·정기선, 2001).

중학교에서는 전체 학년에서 1-2개 학급을 선정하였으며, 고등학교에서는 1-2학년에서만 1-2개 학급을 선정하였다.[14] 일단 학급이

선정되면, 그 학급의 모든 학생을 대상으로 설문조사를 하였다. 조사대상으로 선정된 학교는 해당교육청의 도움을 받아, 조사원이 해당 학교를 직접 방문하여 조사원의 통제하에 자기기입식 설문조사를 실시하였다. 조사결과, 1,012명의 중, 고등학생이 설문에 응하였으며, 이 중 응답이 부실한 10사례와 항목 무응답으로 182사례를 제외하여 실제 분석에서는 820사례[15)]가 투입되었다.

이와 같은 과정을 거쳐 최종적으로 분석에 활용된 조사대상자의 특성은 <표 3-1>과 같다. 성별로는 남학생(57.7%)이 다소 많이 표집되었는데, 이는 실업계 고등학교에서 여학생의 비율이 매우 낮았기 때문이다. 연령별로는 비교적 고르게 표집되었으나, 고등학생의 경우 1-2학년으로 조사대상이 제한되어 고등학교 1학년생이 다소 많이 표집되었다. 한편, 교급별로는 중학생이 40.4%, 고등학생이 59.6%를 각각 차지했고, 고등학생 집단에서 계열별로는 일반고가 40.5%, 실업고가 19.1%를 각각 차지했다.

가족을 통한 세대 간 범죄전이 현상을 체계적으로 검증하기 위해서는, 부모자녀 간의 범죄전이 과정을 설명하는 데 수반되는 필수적인 변수를 모두 포함한 조사를 통해, 부모와 자녀 각각에 대해 자료수집을 하는 것이 필요하다. 하지만 여기서 사용한 자료는 중, 고등학생 자녀만을 대상으로 실시한 것이고, 또한 본 연구를 위해 직접적으로 설계된 것이 아닌 이차자료(secondary data)를 이용하여 분석한다는 한계가 있다.[16)]

---

14) 본 조사에 포함된 중, 고등학교는 강남구, 구로구, 동대문구, 동작구, 마포구, 서초구, 송파구, 용산구, 은평구 등 9개 구에서 추출되었다.

15) 분석에 투입된 전체 유효사례는 820이며, 처벌 측정 문항이 포함된 분석의 경우는 817사례이다. 따라서 별도로 사례수를 명시하지 않는 경우 820사례를 분석한 것이다.

<표 3-1> 조사대상자 일반적 특성

변수명	변수 값	사례수	(%)
성 별	남학생	475	(57.7)
	여학생	347	(42.3)
연 령	13세 이하	122	(14.9)
	14세	107	(13.0)
	15세	149	(18.2)
	16세	261	(31.8)
	17세 이상	181	(22.0)
교급 및 계열	중학교	331	(40.4)
	일반고	332	(40.5)
	실업고	157	(19.1)

2. 분석방법

언급한 자료를 활용하여, 부모의 범죄성이 자녀의 양육을 매개로
하여 자녀의 범죄성에 미치는 영향을 분석하는 것이 본 연구의 주

---

16) 연구목적에 비추어 활용하고 있는 자료상의 한계에 대해 언급하고자 한
다. 우선, 이 자료는 본 연구 관심을 규명하기 위해 직접적으로 수집된
것이 아닌, 가족의 측면에서 청소년 비행의 원인을 규명하기 위해 수집
된 자료로 이차자료 분석의 일반적인 한계를 지니고 있다. 첫째, 본 연
구에 반드시 필요한 측정문항이 매우 제한적이어서 충분하지 않거나 혹
은 직접적인 측정문항이 없어 간접적인 문항을 활용해야 하는 문제가
있다. 예를 들면 부모의 범죄경험을 폭력 혹은 재산범죄와 같이 유형별
로 체계적인 측정 문항이 없어 가족폭력 경험과 같은 간접 문항과 경찰
체포경험 문항을 사용해야 하는 문제가 있다. 둘째, 보다 근본적인 문제
점으로, 세대 간 범죄전이를 제대로 분석하기 위해서는 부모와 자녀의
범죄 및 범죄성에 대한 정보를 자녀와 부모, 그리고 범죄관련 공식기관
에서 각각 수집해야 한다. 본 자료는 이런 자료를 자녀를 통해서 파악하
고 있다는 문제가 있다. 이로 인해 응답자의 인지조화 경향, 선택적 인
지, 기억의 문제를 피할 수 없다는 한계를 지닌다.

된 목적이다. 연구목적을 달성하기 위한 분석 작업은 개별 문항에 대한 기술적 통계분석(평균, 표준편차 등)이 우선 진행될 것이다. 그리고 주요 개념들을 측정하는 척도의 신뢰도와 타당도를 검증하기 위해 크론바흐 α 와 확인적 요인분석을 실시하게 될 것이다. 확인적 요인분석의 경우, 주요 변수의 척도화를 위한 예비분석에서도 활용되었다. 또한, 분석에 투입되는 변수 및 지수들 간의 판별타당도에 대해 검증작업을 수행할 것이다.

마지막으로 변수들 간의 상관관계 분석을 먼저 실시하고, 인과관계를 규명하기 위해서는 회귀분석과 구조방정모형 분석이 활용될 것이다. 두 가지 분석방법을 통해 가설검증을 시도하는 이유는 세대 간 범죄전이 관련 선행연구에서 주로 두 분석방법을 사용하고 있기 때문이다. 회귀분석은 측정오차(measurement error)가 없다는 가정하에서 최소제곱법(OLS:ordinary least squares)을 이용하는 반면, 구조방정모형은 구조모델 외에 확인적 요인분석을 실시하는 측정모델을 별도로 지니고 있어 측정오차를 제외한 잠재변인들 간의 관계를 최대우도법(ML:maximum likelihood)을 활용한다는 점에서 차이가 있다.

제2절 주요 변수의 측정

1. 자기통제력

가. 자녀의 자기통제력

갓프레드슨과 허쉬는 자기통제력의 측정방법을 구체적으로 명시하지 않고 있다. 다만, 자기통제이론 발표 이후 자기통제력의 측정방법과 관련된 논문(Hirschi and Gottfredson, 1993)에서 자기통제력의 측정방법으로 태도 및 인지적 측정방법보다는 행위적 측정이 간결하면서도 설명력이 높기 때문에 더 바람직하다고 주장한다. 따라서 여기서도 태도 및 행위적 변수를 동시에 포함하여 자기통제력 척도를 구성하였다.

이를 위해, 그레스믹 등(Grasmick et al., 1993)이 사용한 태도 및 인지적 측면을 측정한 6개의 척도와 행위적 측면을 측정한 2개의 문항을 동시에 사용하였다(<표 3-2> 참조).

<h4 align="center">〈표 3-2〉 자녀의 자기통제력 측정 문항의 기술통계</h4>

구 분	측정 문항	기술통계			요인 부하량[2]
		범위	평균	표준편차	
태도적 측면	나는 말보다 주먹이 앞선다	1-4	3.35	.82	.55
	나는 내일 시험이 있어도 당장 재미있는 일이 있다면 우선 그 일을 하고 본다	1-4	2.36	1.08	.41
	나는 일이 힘들고 복잡해지면 곧 포기한다	1-4	2.69	.93	.22
	나는 위험하고 짜릿한 활동을 즐기는 편이다	1-4	2.67	1.04	.47
	나는 사람을 놀리거나 괴롭히는 일이 재미있다	1-4	2.99	.92	.47
	나는 화가 나면 물불을 가리지 않는 편이다	1-4	2.75	1.05	.64
행위적 측면[1]	이성친구를 사귀어 본 경험이 있습니까? (있다면) 몇 살 때 처음 사귀었습니까?	1-4	2.92	1.25	.22
	학교 숙제를 어떻게 합니까?	1-4	2.62	.91	.29

주: 1) 태도적 측면에서 자기통제력을 측정하는 문항이 4점 척도로 되어 있어 이를 통일하기 위해, 행위적 측정문항도 4점 척도도 재부호화 하였음. 이성교제와 관련해서는 경험 여부 및 경험 시기 두 문항은 활용하여 새로운 변수를 만들어 '13세 이전 경험 있음' 1, '13세 이후 경험 있음' 2.5, '경험 없음' 4로 재부호화 하였음. 학교숙제는 '거의 안함' 1, '했다가 안했다가 함' 2.5, '항상 함' 4로 리코딩 하였음.
2) 완전표준화 계수(completely standardized solution))에서 얻은 요인부하량임.

먼저 자녀의 자기통제력을 태도 및 인지적 측면에서 측정하는 6개의 문항은 다음과 같다. 이 문항들은 갓프레드슨과 허쉬가 제시한 자기통제력의 하위 영역들을 측정하는 것으로, 1)번 문항은 말보다 행동을 표현하는 경향을 측정하고 있다. 2)번 문항은 즉각적인 욕구 충족 성향을, 3)번은 복잡한 것을 싫어하고 단순한 일을 선호하는 경향을, 그리고 4)번 문항은 위험한 행동을 선호하는 정도를 파악하고, 문항 5)는 타인보다는 자신을 우선시하는 자기중심성을 측정하고, 6)번 문항은 발끈한 성미를 파악하고 있다. 자기통제력을 인지 및 태도의 측면에서만 파악할 경우 변량이 적은 문제가 있고, 또한 행위적 측정은 더 많은 정보를 제공해 줄 수 있다. 범죄가 범죄를 설명하는 동어반복의 문제를 최대한 피하면서, 본 자료에서 활용 가능한 설문문항으로 다음 두 문항을 활용하였다. 1)이성교제 경험 유무 및 최초 시기는 성적 호기심과 즉각적인 욕구충족 성향을 파악할 수 있어, 자기통제력에서 즉각적인 욕구충족 경향을 나타낸다고 볼 수 있다. 또한, 2)학교숙제를 얼마나 꾸준히 하는지 여부는 당장의 쾌락추구를 지연하고 장기적인 이익을 위해 준비하는 정도를 파악할 수 있다. 이 두 문항의 활용은 동어반복의 문제를 피하면서도 자기통제력의 본래적 속성을 여러 가지 측면에서 파악할 수 있는 장점이 있다.

자녀의 자기통제력 측정 결과를 <표 3-2>에서 개별 문항의 평균값을 비교해 보면 즉각적인 욕구 충족(2.36)을 제외하면 전체적으로 중간 값인 2.5점을 약간 상회하는 수준이다. 특히 행동으로 표현하는 경향(3.35)과 자기중심성(2.99)이 강하게 나타나고 있다. 또한 측정한 문항을 모두 포함한 경우 신뢰도 검증 결과, 크론바흐 α 값이 .61로 다소 낮은 편이다.[17] 단일요인 확인적 요인분석(CFA) 결과에서 8개의 개별 관찰변인의 요인부하 값이 통계적으로 모두 유의해 (P<.001) 수렴 타당도(convergent validity)를 확인할 수 있었다.[18]

나. 부모의 자기통제력

자녀에 비해 부모의 자기통제력을 측정하는 문항은 상대적으로 제한되어 있다. 인지 및 태도의 측면에서만 파악이 가능하고, 또한 아버지와 어머니의 자기통제력을 각각 측정하는 5개 문항으로 한정되어 있다. 측정문항을 보면 발끈한 성미, 분별력이 부족한 즉흥적이고 감정적인 일처리, 타인의 이해를 고려하지 않는 자기중심성, 언어보다 행동 중심의 경향, 위험한 행동을 선호하는 경향을 각각 보여주고 있다. 각각의 문항들은 4점 리커드 척도를 사용하였다. <표 3-3>는 각각 아버지와 어머니의 자기통제력 문항들의 응답결과이다. 자녀를 통해 알아본 부모의 자기통제력 측정 결과를 보면, 모든 문항에서 어머니의 자기통제력이 아버지에 비해 높아 여자의 자기통제력이 남성에 비해 높다는 자기통제이론의 주장과 일치한다. 또한 표준편차에서 아버지의 자기통제력이 어머니에 비해 크게 나타나, 어머니에 비해 아버지의 자기통제력 분산이 상대적으로 더 크다는 것을 알 수 있다.

---

17) 자기통제력의 태도적 측정 문항만을 투입한 α 값은 .613으로 행위적 척도를 포함한 α 값 .609와 별다른 차이가 없다.

18) 행위적 측정 문항과 '단순한 일 선호 경향' 문항이 요인부하량이 .30에 못미쳐 다소 낮은 문제점이 있다. 하지만, 자기통제력의 개념의 내용을 반영하고 있어 이들 변수를 포함시켜 자기통제력 척도를 구성하였다.

<표 3-3> 부모의 자기통제력 측정 문항의 기술통계

측정 문항	범위	평균		표준편차	
		아버지	어머니	아버지	어머니
화가 나면 물불을 가리지 않는다	1-4	2.70	3.37	1.16	.93
모든 일을 기분 나는 대로 처리하신다	1-4	3.06	3.38	1.05	.89
주위 사람의 불편에 신경쓰지 않는다	1-4	3.18	3.54	.95	.78
말보다 주먹이 앞선다	1-4	3.54	3.76	.81	.60
위험하고 짜릿한 활동을 즐기는 편이다	1-4	3.54	3.82	.77	.48

아버지와 어머니 각각 5개의 문항을 가지고 부모 자기통제력 측정 문항의 신뢰도 검증 결과, 크론바흐 α 값은 아버지 .77, 어머니 .75로 각각 나타났다. 그리고 탐색적 요인분석(EFA) 결과 단일 요인으로 나타났다. 자기통제력 지수의 수렴 타당도를 검증하기 위해, 리즈렐 프로그램을 이용하여 부모의 자기통제력을 측정하고 있는 5개의 지표로 단일 요인 모델로 확인적 요인분석(CFA)을 실시하였다. <표 3-4>에 제시된 바와 같이 아버지와 어머니 모두 개별 측정변인의 요인부하량(factor loading)이 모두 통계적으로 유의한 것으로 밝혀져(P<.001), 수렴 타당도를 갖는 것으로 나타났다.

<표 3-4> 부모의 자기통제력 측정 문항의 신뢰도 및 타당도

측정 문항	요인부하량[1]		크론바흐 α	
	아버지	어머니	아버지	어머니
화가 나면 물불을 가리지 않는다	.69	.72		
모든 일을 기분 나는 대로 처리하신다	.78	.67		
주위 사람의 불편에 신경쓰지 않는다	.57	.55	.77	.75
말보다 주먹이 앞선다	.71	.69		
위험하고 짜릿한 활동을 즐기는 편이다	.44	.49		

주 1) 완전표준화 계수(completely standardized solution))에서 얻은 요인부하량임.

2. 범죄 경험

갓프레드슨과 허쉬는 범죄에 대한 정의를 법위반 행위만으로 제한하지 않고, 범죄행위의 본질과 경험적 연구 성과에 부합하는 일반적인 방식으로 제시하였다. 이들은 많은 범죄의 특성을 파악한 후 범죄를 "자기 이익을 추구하기 위해 완력이나 협잡 행위"로 포괄적으로 정의하였다. 이는 범법 행위뿐만 아니라 법위반이 없었다 할지라도 이기적인 목적을 위해 사용하는 폭력이나 속이는 범죄와 유사 행위도 포함하는 개념이다. 따라서 본 자료에서는 중, 고등학생 청소년 자녀를 대상으로 조사가 진행된 만큼 청소년 비행과 범죄행위를 모두 포함하여 자녀의 범죄 행위를 측정하였다.

본 연구의 최종적인 종속변수인 자녀의 비행 및 범죄 경험은 두 가지 방식을 통해 측정하였다. 우선, 자녀의 지위비행 경험은 '지난 1년간' 술집출입, 흡연, 무단외박, 학교 무단결석, 비디오방 출입, 포르느 관람, 음란성 채팅 경험을 살펴보았다. 한편, 상대적으로 심각한 지위비행 경험은 '이제까지 살아오면서' 가출, 성경험 등을 질문하였다. 지위비행 경험에 대해서는 각각 '전혀 없다', '1-2번', '3-4번', '5번 이상'과 같은 4점 척도를 사용하였다. 비행을 넘어선 범죄 경험으로는 절도, 상점 절도, 사기 또한 협박을 통한 남의 물건 뺏기, 타인에 대한 폭력행사, 흉지소지, 공공기물 파손, 타인재산 파괴(손괴) 등을 알아보았다. '지금까지 살아오면서' 각각의 범죄 행위에 대한 경험 빈도를 '전혀 없다', '한 번', '두 번', '세 번 이상'의 4점 척도가 제시되었다.

가. 자녀의 비행 경험

　지난 1년간 중, 고등학생 자녀의 비행 경험률(1번 이상 경험이 있는 비율)을 비교해 보면 '포르노 관람'이 전체 응답자의 과반수인 50.4%로 가장 높았고, 다음으로 '흡연'(33.3%)과 '음주'(27.9%)가 높게 나타났다. 반면에 '성관계' 5.5%, '비디오방 출입' 10.9%, '가출' 11.0%로 경험률이 상대적으로 낮은 편이고, '무단 외박' 20.4%, '무단결석' 16.7%, '음란채팅' 18.7%로 20% 내외의 중, 고등학생이 지난 1년간 경험한 적이 있는 것으로 나타났다. 포르노물 관람 경험과 흡연, 음주는 비교적 사소한 비행에 속하고 또한 비행 기회가 상대적으로 많기 때문에 경험률이 높은 것으로 판단된다. '학교에서 근신 및 정학 처분 경험'은 비행 경험 측정을 위해 조사항목에 포함되어 있으나 경험한 비행의 내용보다는 비행의 결과로 받은 처분 경험으로 해석상의 어려움이 있어서 분석에서 제외하였다.

〈표 3-5〉 자녀의 비행 경험

빈도(%)

가벼운 비행	전혀 없다	1-2번	3-4번	5번 이상
술집에 출입한 적	591(72.1)	87(10.6)	34(4.1)	108(13.2)
담배를 피운 적	546(66.6)	100(12.2)	17(2.1)	157(19.1)
부모님 허락 없이 외박한 적	653(79.6)	81(9.9)	21(2.6)	65(7.9)
이유 없이 학교 가지 않는 적	683(83.3)	62(7.6)	19(2.3)	56(6.8)
비디오방 출입한 적	732(89.3)	44(5.4)	15(1.8)	29(3.5)
포르노물을 본 적	407(49.6)	140(17.1)	42(5.1)	231(28.2)
채팅을 통해 음란한 대화를 한 적	667(81.3)	87(10.6)	18(2.2)	48(5.9)
무거운 비행	전혀 없다	1번	2번	3번 이상
성관계를 가진 적	775(94.5)	11(1.3)	3(0.4)	31(3.8)
가출을 한 적	730(89.0)	49(6.0)	21(2.6)	20(2.4)

나. 자녀의 범죄 경험

범죄 경험은 '지금까지 살면서' 경험한 범죄 가해 경험을 폭력범죄와 재산범죄로 나누어 4점 척도로 측정하였다. 폭력범죄는 타인구타, 흉기 소지, 공공기물 파손 및 타인 물건 손괴 경험 빈도로 측정하였고, 재산범죄는 강도, 상점절도, 절도 그리고 사기를 포함하여 측정하였다.

〈표 3-6〉 자녀의 범죄 경험

빈도(%)

	측정 문항	전혀 없다	한 번	두 번	세 번 이상
폭력 범죄	형제 외 다른 사람을 심하게 때린 적	499(60.9)	141(17.2)	70(8.5)	110(13.4)
	흉기를 가지고 다닌 적	778(94.9)	20(2.4)	11(1.3)	11(1.3)
	학교 시설이나 다른 공공시설을 일부러 망가뜨린 적	657(80.1)	95(11.6)	27(3.3)	41(5.0)
	다른 사람의 물건을 일부러 망가뜨린 경험	693(84.5)	66(8.0)	26(3.2)	35(4.3)
재산 범죄	위협 혹은 폭력을 써서 남의 돈이나 물건을 뺏은 적	752(91.7)	30(3.7)	16(2.0)	22(2.7)
	가게에서 물건을 훔친 적	487(59.4)	143(17.4)	59(7.2)	131(16.0)
	다른 사람의 현금이나 물건을 훔친 적	670(81.7)	65(7.9)	30(3.7)	55(6.7)
	남을 속여서 남의 물건이나 돈을 얻은 적	653(79.6)	89(10.9)	32(3.9)	46(5.6)

우선, 전체적으로 범죄 유형별 경험한 비율을 비교해 보면 상점절도(40.6%)와 폭행(39.1%)이 가장 높았고, 공공기물 파손(19.9%), 사기(20.4%), 절도(18.3%)가 전체 조사대상 중, 고등학생의 20% 내외

가 경험한 것으로 나타났다. 타인 소유 기물의 손괴 15.5%, 강도 8.3%로 상대적으로 낮게 조사되었다.

전체적인 범죄경험을 알아보기 위해, 9가지 지위비행 경험을 단순 합산하여 문항수로 나누어 값이 높을수록 다양한 지위비행을 경험한 것을 나타내도록 하나의 지수를 구성하였다. 그 결과를 보면 범위가 3(최소값 0-최대값 3), 평균 .44, 표준편차 .57로 나타났다. 자녀의 범죄경험을 폭력범죄와 재산범죄로 구분하여 각각의 범죄유형을 단순 합산한 다음 문항수로 나누어 산출한 기술통계를 보면 폭력범죄는 평균이 .36, 표준편차 .53이고, 재산범죄는 평균 .41, 표준편차는 .62로 나타났다. 폭력범죄와 재산범죄를 합산하여 산출한 전체 범죄지수를 보면 평균 .39, 표준편차 .50이다.

<표 3-7> 자녀의 범죄유형별 기술통계

범죄유형	사례수	범위	평균	표준편차
비행	820	0-3	.44	.57
폭력범죄	820	0-3	.36	.53
재산범죄	820	0-3	.41	.62
전체 범죄(폭력+재산)	820	0-3	.39	.50

다. 부모의 범죄 경험

조사대상 중, 고등학생 자녀의 비행 및 범죄의 원인을 밝히는 것이 본 자료를 수집한 일차적 연구 관심이었기 때문에, 본 자료에서 부모의 범죄 경험을 직접적으로 측정하고 있지 않다. 다만, 부모의 범죄 경험을 직접적으로 알아볼 수 있는 문항으로는 부모의 경찰체포 경험에 대한 질문이 포함되어 있다. 그리고 조사대상자가 중, 고등학생 자녀로 부모의 범죄에 대해 정확한 인지가 쉽지 않을 것이기 때문에 실제 가족생활에서 자녀들이 목격할 수 있는 가족폭력을 부모의 범죄경험에 포함시키고자 한다. 자기통제이론에서 범죄를 법 위반 여부에 상관없이 광의적으로 정의하고 있기 때문에 가족폭력을 범죄로 보는 것은 별다른 문제가 없을 것으로 판단되기 때문이다. 구체적으로, 가족구성원들 간의 폭력경험은 '아버지의 어머니에 대한 폭력 빈도 및 그 폭력으로 인한 어머니의 병원입원 경험'과 '부모님의 조사 대상 자녀에 대한 폭행 빈도 및 병원입원 경험'을 통해 측정이 가능하고, 또한 "부모님께서 경찰에 잡힌 적이 있습니까?(교통법규 위반은 제외)"는 문항이 포함되어 있다.

〈표 3-8〉 부모의 범죄 경험

빈도(%)

		전혀 없음	거의 없음	가끔 있음	자주 있음
아버지에 의한 어머니 구타	구타 빈도	450(54.9)	233(28.4)	114(13.9)	21(2.6)
	구타로 인한 병원치료 경험	없음		있음	
		771(94.0)		46(5.6)	
부모에 의한 자녀 구타	구타 빈도	410(50.0)	272(33.2)	122(14.9)	16(2.0)
	전혀 없음	거의 없음	가끔 있음	자주 있음	
	구타로 인한 병원치료 경험	없음		있음	
		793(96.7)		26(3.2)	
부모가 경찰에 잡힌 경험 (교통법규 위반 제외)		없음		있음	
		791(96.5)		29(3.5)	

이들 부모의 범죄 경험 측정에 활용될 문항에 대한 기술통계는 <표3-8>에 제시되어 있다. 가족 간 폭력을 보면 '아버지에 의한 어머니 폭력'이 가끔 혹은 자주 있다는 비율이 16.5%(135명)이고, '부모

에 의한 자녀폭력'도 16.9%로 비슷한 수준으로 낮지 않은 비율을 점하고 있다. "부모님이 경찰에 잡힌 경험이 있다"고 응답한 비율은 3.5%(29명)로 매우 미미한 수준이다. 위 세 문항을 부모의 범죄 정도 측정하는 변수로 활용하기 위해 부부 간 폭행과 그로 인한 병원치료 경험과 동일한 자녀 폭행 관련 두 변수로 새로운 5점 척도 변수를 만들었다.[19] 그런 다음 세 개의 변수를 합산하여 문항수로 나눈 부모의 범죄 지수를 구성하였고, 그 결과는 <표 3-9>에 제시되었다.

<표 3-9> 부모의 범죄 관련 기술통계

구 분	범 위	평 균	표준편차
아버지의 어머니 폭행	0-4	.49	.88
부모의 자녀 폭행	0-4	.72	.86
경찰에 잡힌 경험	0-4	.14	.74
부모 범죄 지수	0-3.67	.45	.61

3. 자녀양육 관련 가족환경 특성

자녀양육은 부모와 자녀의 상호작용으로 볼 수 있다. 부모나 가족의

---

19) 가족구성원 간 폭력 빈도 및 이로 인한 병원치료 경험 변수를 교차분석한 다음 '구타 전혀 없고, 치료경험 없는' 경우 0, '구타 거의 없고, 치료경험 없는' 경우 1', '구타가 가끔 있고 치료경험이 없거나 혹은 구타가 거의 없으나 치료경험이 있는' 경우 2, '구타가 자주 있으나 치료경험이 없거나 혹은 구타는 가끔 있으나 치료경험이 있는' 사례는 3, '구타도 잦고 치료경험이 있는' 사례는 4로 코딩변경하여 새로운 변수를 구성하였다. 그리고 '부모님의 경찰에 잡힌 경험'도 위 두 새로운 변수와 변수 값을 일치시키기 위해 없는 경우 0, 있다고 응답한 사례는 전체의 3.5%에 지나지 않아 4로 코딩변경하여 사용하였다.

특성뿐 아니라 자녀의 타고난 특성, 즉 과잉행동이나 공격성 등은 부모의 자녀양육에 부정적 영향을 미칠 수 있다. 하지만, 갓프레드슨과 허쉬는 자녀의 특성이 어떠하든 효과적인 자녀양육이 가능하다는 입장이다. 자녀가 다소 문제적 성향을 타고 났거나 혹은 한부모 가족이라 할지라도, 부모의 효과적인 양육은 가능하다는 것이다. 따라서 여기서는 자녀의 특성에 대해서는 별도로 언급하지 않고, 자녀양육이 이루어지는 가족환경과 그 부모의 특성에 초점을 두고자 한다. 자녀양육과 관련해서 중요한 변수인 부모의 자기통제력 측정에 대해서는 앞서 제시하였기 때문에, 여기서는 자녀양육에 영향을 미칠 것으로 예상되는 가족의 사회인구 및 사회경제적 특성에 대한 척도 및 그 측정 결과를 살펴보고자 한다.

먼저, 가족의 사회인구학적 특성으로 결손 및 온전 가족 여부, 어머니의 취업 여부, 자녀수에 대한 문항이 포함되었다. 효과적인 자녀양육의 조건의 하나로 제시되고 있는 온전가정 여부를 묻는 "친어머니(아버지)가 계십니까?"는 두 문항에서 친부모가 두 분 다 계시고 또한 함께 살고 있는 경우 온전가정(intact family)으로 분류하고, 그렇지 않은 가족을 결손가정으로 보았다. 전체 가족의 85.4%가 온전가정으로 분류되었고, 결손가정은 14.6%에 달했다. 그리고 "어머니께서 지난 1년간 집 밖에서 일을 하신 적이 있는가?"는 문항을 통해 어머니의 취업여부를 알아 본 결과, 어머니가 경제활동을 하는 취업주부(50.0%)와 전업주부의 비율이 동일하게 조사되었다. 한편, 조사대상 학생들의 형제자매 수의 평균은 2.1명이고, 구체적으로 2명인 경우가 69.4%로 가장 많았고, 3명 16.0%, 1명 11.7%, 4명 이상은 2.8%로 조사되었다.

이어서, 가족의 사회경제적 특성을 조사한 변수는 조사 대상 학생 가족의 가정형편, 부모의 교육수준 변수가 있다. 조사대상 자녀들이 응답한 주관적으로 평가한 가정형편의 경우 '보통'이 50.4%, '여유 있다(잘사는 편, 다소 여유있는 편 포함)'는 응답이 31.6%이고, '어렵다'(매우 및 다소 어려운 편 포함)고 응답한 비율은 18.0%로 조사되었다. 부모 학력은 어머니에 비해 아버지의 학력이 높은 것으로 나타났다. 비교적 고학력층인 4년제 대학 중퇴 이상의 학력을 가진 아버지의 비율이 39.8%로 어머니(26.2%)에 비해 높은 반면, 중졸이하의 저학력 어머니는 17.7%로 아버지 12.9%에 비해 상대적으로 많았다.

<표 3-10> 조사대상자의 가족특성

변수명	변수 값	사례수	(%)
결손가정 여부	온전가정	700	(85.4)
	결손가정	120	(14.6)
어머니의 취업여부	전업주부	410	(50.0)
	취업모	410	(50.0)
자녀수	1명	96	(11.7)
	2명	569	(69.4)
	3명	131	(16.0)
	4명 이상	24	(2.9)
가정형편	잘 사는 편	41	(5.0)
	다소 여유 있는 편	218	(26.6)
	보통	413	(50.4)
	다소 어려운 편	128	(15.6)
	매우 어려운 편	20	(2.4)
아버지 학력	국졸이하	43	(5.2)
	중학교 중퇴/졸업	63	(7.7)
	고등학교 중퇴/졸업	346	(42.2)
	전문대졸 중퇴/졸업	42	(5.1)
	4년제 대학 중퇴/졸업	217	(26.5)
	대학원 이상	109	(13.3)
어머니 학력	국졸이하	54	(6.5)
	중학교 중퇴/졸업	92	(11.2)
	고등학교 중퇴/졸업	434	(52.9)
	전문대졸 중퇴/졸업	25	(3.0)
	4년제 대학 중퇴/졸업	161	(19.6)
	대학원 이상	54	(6.6)

4. 자녀양육 방식

범죄현상이 특정 가족에 집중되는 세대 간 범죄전이의 주된 원인이자, 본 연구의 핵심적 매개변수인 자녀양육의 하위영역들에 대한 측정 방법 및 그 결과를 살펴보자. 부모의 자녀양육 방식을 파악할 수 있는 척도로는 부모에 대한 자녀의 애착, 자녀의 행동에 대한 감독, 그리고 자녀의 잘못에 대한 처벌의 적정성이 있다. 본 자료에서 '인지'에 대한 측정 문항이 없으나, 자녀양육방식과 관련해서 '인지'를 제외하여 연구하는 경우가 많고 처벌이 적절하기 이루어지기 위해서는 부적절한 행동에 대한 인지가 선행적으로 요구되기 때문에 별다른 문제가 없다고 판단된다.

가. 애 착

부모에 대한 자녀의 애착은 자녀가 부모를 동일시하는 정도, 그리고 부모와 자녀 간의 친밀한 의사소통 정도에 의해 파악하였다(Hirschi, 1969). 먼저 애착은 통제이론의 핵심적 변수로, 허쉬에 따르면 부모자녀 간의 정서적 유대(emotional bond)는 부모의 이상과 기대를 자녀에게 전달하는 가교역할을 한다고 본다. 자녀가 부모로부터 소외를 경험한다면, 자녀는 양심이나 초자아와 같은 것을 충분히 개발하지 못한다는 것이다.

애착을 측정하는 문항으로는 자녀가 아버지 및 어머니와의 '동일시' 정도를 측정하는 각각 6문항, 전체 12문항과 부모와의 '의사소통 친밀성' 3개의 문항으로 구성되어 있고, 모두 '매우 그렇다', '약간 그렇다', '약간 그렇지 않다', '전혀 그렇지 않다' 4점 리커드 척도를 사용하고 있다. 기술통계 결과를 보면, 부모와의 동일시에 있어서는 아버지에 비해 어머니와의 동일시가 전체적으로 높게 나타나고, 또한 변량에 있어서도 어머니에 비해 아버지가 더 크다는 것을 알 수 있다.

이들 척도의 신뢰도와 타당도를 검증해 보면, 아버지와의 동일시 정도를 알아보는 문항의 크론바흐 α 값은 .92, 어머니는 .89로 매우 높은 수준이다. 그리고 부모와 의사소통 친밀성을 알아보는 문항의 신뢰도는 .80로 세 하위차원이 모두 적절한 수준의 내적 일관성을 보여주고 있다. 수렴타당도를 검증하기 위해 세 속성에 대한 단일 요인 확인적 요인분석을 각각에 대해 실시한 결과, 애착에 투입된 모든 변수가 통계적으로 유의해(p<.001) 타당도에도 문제가 없는 것으로 나타났다.

〈표 3-11〉 애착에 대한 기술통계 및 신뢰도 · 타당도 분석결과

측정 문항	기술통계		크론바흐 α	요인부하량[1]	요인부하량[2]
	평균	표준편차			
〈아버지와의 동일시〉					
다른 사람이 우리 아버지였으면 좋겠다	3.30	1.00		.76	
나는 아버지에 대한 불만이 많다	2.86	1.06		.81	
아버지에 대해서 나는 매우 화가 난다	3.17	1.01	.92	.86	.52
나는 아버지를 자랑스럽게 생각한다	1.85	.93		.79	
나는 아버지를 진정으로 믿고 의지한다	2.03	1.02		.81	
나는 아버지를 좋아하질 않는다	3.33	.94		.83	
〈어머니와의 동일시〉					
다른 사람이 우리 어머니였으면 좋겠다	3.58	.79		.75	
나는 어머니에 대한 불만이 많다	3.20	.93		.77	
어머니에 대해서 나는 매우 화가 난다	3.47	.82	.89	.83	.74
나는 어머니를 자랑스럽게 생각한다	1.70	.87		.72	
나는 어머니를 진정으로 믿고 의지한다	1.74	.89		.76	
나는 어머니를 좋아하질 않는다	3.62	.76		.70	

(계속)

측정 문항	기술통계		크론바흐 α	요인부하량[1]	요인부하량[2]
	평균	표준편차			
〈의사소통의 친밀성〉					
나의 장래에 대해 부모님과 상의하는 편이다	2.28	.97		.67	
학교생활에 대해 부모님과 자주 이야기 한다	2.36	1.01	.80	.87	.53
부모님과 무엇이든 허물없이 얘기한다	2.63	.99		.74	

주: 1) 3요인 각각에 대해 단일 요인 확인적 요인분석에서 산출된 완전표준화 계수임.
　　2) 3요인의 측정문항을 합산한 결과로 단일 요인 확인적 요인분석에서 산출된 완전표준화 계수임.

그리고 3개의 하위차원으로 나눠져 있는 애착 척도를 단일 척도로 구성하기 위해 3개 하위차원의 측정문항의 응답결과를 합산한 값으로 신뢰도 분석과 단일 요인 확인적 요인분석을 실시하였다. 그 결과 크론바흐 α 값이 .58이고, 투입된 모든 변수가 통계적으로 유의해($p<.001$) 수렴 타당도를 갖는 것으로 확인되었다.

나. 감 독

허쉬는 사회통제이론에서 부모의 감독을 부모와의 동일시 및 의사소통 친밀성과 함께 부모와의 애착을 측정하는 하위차원으로 사용하였다(Hirschi, 1969). 이후 마쓰에다(Matsueda, 1982)가 감독의 지표로 활용한 것으로, 폴라코우스키(Polakowski, 1994)도 이 지표를 부모의 감독으로 활용하고 있어, 여기서도 부모의 감독 지표로 활용하고자 한다. 부모가 자녀의 행동에 대한 감독을 어느 정도 하는지를 측정하기 위해 4개의 문항을 사용하였다. '실질적 감독(virtual supervision)'

에 대한 측정은 부모는 자녀가 집 밖에 있을 때, '어디서', '누구와 함께', '어떤 행동을 하며', 그리고 '언제 돌아오는지'를 알고 있는 정도를 '전혀 모르신다', '가끔 아신다', '대부분 아신다'는 3점 척도로 이루어졌다. 전체적으로 평균 2점 이상으로 나타났으나, 부모들이 자녀가 어떤 행동을 하는지(평균 2.00)에 대해서는 상대적으로 감독이 잘 이루어지지 않고 있는 것으로 나타났다.

<표 3-12> 감독에 대한 기술통계 및 신뢰도·타당도 분석결과

집 밖에 있을 때...	기술통계		크론바흐 α	요인 부하량[1]
	평균	표준편차		
부모는 내가 어디에 있는지 아신다	2.25	.67		.77
부모는 내가 누구와 있는지 아신다	2.18	.72	.80	.75
부모는 내가 어떤 행동을 하는지 아신다	2.00	.74		.74
부모는 내가 언제 돌아올지를 알고 계신다	2.16	.75		.58

주: 1) 3요인 각각에 대해 단일 요인 확인적 요인분석에서 산출된 완전표준화 계수임.

부모의 자녀에 대한 감독 문항에 대한 신뢰도 검사 결과 크론바흐 α 값이 .80이고, 타당도 분석결과 단일 요인 모델이 부합하며 또한 투입된 변수 모두가 통계적으로 유의($p<.001$)한 것으로 나타나 수렴타당도를 갖는다는 것을 알 수 있다.

다. 처 벌

통제이론에서는 범죄행위 자체가 즉각적인 욕구충족을 가져오기 때문에 이를 유도하기 위해서는 별다른 유인책이 필요하지 않다고 본다. 자녀의 잘못된 행동에 대한 처벌은 통제이론에서 반드시 필요한 것이다. 물론 여기서 처벌은 폭력적 처벌과 같은 것을 의미하는 것은 아니다. 폭력적 처벌이나 분별력 없는 기분에 따른 처벌이 아닌, 애착이 형성된 부모에 의해 해서는 안 되는 잘못된 행동을 승인해주지 않거나 잘못의 정도에 따라 적절하게 이루어져야 한다.

잘못된 행동에 대한 처벌을 측정하는 4개 문항간의 신뢰도가 .31로 매우 낮아 '기분에 따라 처벌' 문항을 제외한, '규칙 제시', '잘못된 행동에 대한 묵인', 그리고 '처벌의 적정성' 3개 문항만을 활용하였다. 3개 문항간의 신뢰도는 .47로 여전히 낮은 수준이다. 범죄성이 있는 부모는 특히 자녀의 잘못된 행동에 대한 인지 및 처벌을 적절히 수행하지 못함으로 인해 자녀의 낮은 자기통제력에 영향을 미친다(Gottfredson and Hirschi, 1990)고 강조하고 있고, 또한 측정문항들이 자기통제이론의 처벌 개념과 내용적으로 일치하기 때문에 낮은 신뢰도에도 불구하고 활용하고자 한다.[20] 단일 요인 확인적 요인분석 결과, 투입된 3개의 측정문항 모두 통계적으로 유의($p<.05$)한 것으로 나타나 수렴타당도를 갖는다는 것을 알 수 있다. 하지만, 처벌을 측정하는 문항들은 신뢰도가 낮고 또한 요인부하량이 .3이하인 문항이 있어 향후 개선이 필요한 것으로 판단된다.

---

20) 본래 처벌 문항은 강압이론가인 패트슨(Patterson, 1982)의 처벌문항을 활용한 척도들로, 자기통제이론의 양육모델도 이들 연구결과에 기초로 해서 만들어진 것이다(Hirschi, 2005). 그리고 자기통제이론을 검증하는 한 경험적 연구에서는 감독 측정문항의 α 값 .44임에도 지수로 사용하는 경우도 있다(Pratt et al., 2004).

〈표 3-13〉 처벌에 대한 기술통계 및 신뢰도·타당도 분석결과(n=817)

부모님은...	기술통계			크론바흐 α	요인부하량[1]
	범위	평균	표준편차		
내가 잘못을 저질러도 별로 상관 않고 넘어간다	1-4	3.25	.79		.26
내가 하지 말아야 할 행동에 대해 규칙을 정해주신다	1-4	2.45	1.03	.47	.37
내가 잘못을 저지르면 그 정도에 따라 적절하게 꾸중이나 벌을 주신다	1-4	1.93	.84		.96

주: 1) 3요인 각각에 대해 단일 요인 확인적 요인분석에서 산출된 완전표준화 계수임.

제3절 판별 타당도

본 조사자료의 특성상 부모 관련 특성을 자녀를 통해 측정하고 있다는 문제가 있다. 따라서 부모의 자기통제력과 양육방식을 측정하는 변수가 서로 변별되는 변수인가를 검증할 필요가 있다. 부모의 자기통제력과 자녀의 양육방식을 측정하는 모든 변수를 투입하여 7요인 탐색적 요인분석(EFA)을 실시하였다(<표 3-14> 참조).

그 결과를 보면, 우려했던 문제는 발생하지 않는다는 것을 알 수 있다. 이론적 모형에서 예측했던 것과 동일하게 7요인들이 서로 변별되어 별도의 요인을 구성하고 있고, 또한 개별 요인 관찰변수들의 요인부하량도 모두 .3 기준을 충족시키고 있다(<표 3-15> 참조). 또한 확인적 요인분석 결과에서도 모든 요인들에 대해 관찰 변인의 요인부하량이 모두 통계적으로 유의($p<.001$)하게 나와 이를 다시 한

번 확인하였다. 이런 분석에 기초해서, 부모와 관련해서 자녀를 통해 측정한 변수들이 서로 간에 변별되는 개념을 측정하고 있다고 볼 수 있다. 따라서 판별 타당도(discriminant validity)가 확보되었다고 할 수 있다. 물론, 서로 다른 요인을 측정하고 있다 하더라도 자녀가 부모 특성을 얼마나 정확히 인지하여 타당하게 응답하고 있는지를 확인할 수 없다는 점은 여전히 본 연구의 한계로 남는다.

<표 3-14> 부모의 자기통제력 및 자녀양육에 대한
탐색적 요인분석(n=817)

측정 문항	성 분						
	모와 동일시	부와 동일시	부모 감독	부의 자기 통제력	처벌	의사 소통	모의 자기 통제력
아버지는 화가 나면 물불을 가리지 않음	.077	-.146	.063	**.669**	-.145	.062	.130
아버지는 모든 일을 기분 나는 대로 처리하심	-.025	-.288	.037	**.643**	.007	-.015	.017
아버지는 주위사람의 불편에 신경쓰지 않음	-.012	-.020	-.051	**.672**	.087	.133	-.057
아버지는 말보다 주먹이 앞섬	-.044	-.308	.015	**.614**	.023	-.002	-.006
아버지는 위험하고 짜릿한 활동을 즐김	.018	.149	.015	**.669**	.023	-.035	-.123
어머니는 화가 나면 물불을 가리지 않음	.142	-.036	-.030	-.017	-.104	.015	**-.688**
어머니는 모든 일을 기분나는 대로 처리하심	.150	.013	.047	.024	-.038	.029	**-.642**
어머니는 주위사람의 불편에 신경쓰지 않음	.073	.077	-.050	.232	.076	.119	**-.564**

(계속)

측정 문항	성 분						
	모와 동일시	부와 동일시	부모 감독	부의 자기 통제력	처벌	의사 소통	모의 자기 통제력
어머니는 말보다 주먹이 앞섬	.082	-.036	.015	-.051	-.072	.000	**-.744**
어머니는 위험하고 짜릿한 활동을 즐김	-.146	-.060	.058	-.014	.070	-.065	**-.733**
다른 사람이 우리 아버지이었으면 좋겠음	.093	**-.786**	.050	.031	-.025	-.116	-.011
나는 아버지에게 불만이 많음	.077	**-.773**	.026	.130	-.051	-.066	.059
아버지에 대해서 나는 매우 화가 남	.001	**-.822**	.004	.124	-.019	.006	.016
나는 아버지를 자랑스럽게 생각함	-.021	**-.848**	-.038	-.098	.083	.116	-.072
나는 아버지를 진정으로 믿고 의지함	-.016	**-.847**	-.001	-.071	.042	.122	-.067
나는 아버지를 좋아하지 않음	.043	**-.800**	-.010	.091	.014	.000	-.011
다른 사람이 우리 어머니이었으면 좋겠음	**.817**	-.086	.019	-.028	-.040	-.113	-.025
나는 어머니에게 불만이 많음	**.798**	.031	-.003	.035	-.026	.040	-.033
어머니에 대해서 나는 매우 화가 남	**.845**	.032	.026	.063	-.043	-.020	-.051
나는 어머니를 자랑스럽게 생각함	**.653**	-.095	-.067	-.094	.188	.187	-.053
나는 어머니를 진정으로 믿고 의지함	**.692**	-.086	-.001	-.095	.092	.244	-.002
나는 어머니를 좋아하지 않음	**.743**	-.004	.075	.055	.012	-.079	-.041
나는 나의 장래에 대해 부모와 상의하는 편임	.024	-.041	-.017	.010	.024	**.772**	-.006
나는 학교생활에 대해 부모와 자주 이야기하심	-.025	-.005	.092	.054	.006	**.830**	-.039
부모님과 나는 무엇이든 허물없이 얘기함	.076	-.021	.113	.081	-.062	**.751**	.015

(계속)

측정 문항	성 분						
	모와 동일시	부와 동일시	부모 감독	부의 자기 통제력	처벌	의사 소통	모의 자기 통제력
부모님은 내가 어디에 있는지 아신다	.061	.046	**.814**	.050	.038	-.008	-.023
부모님은 내가 누구와 함께 있는지 아심	.044	-.004	**.828**	-.001	.007	-.042	.055
부모님은 내가 어떤 행동을 하는지 아심	-.054	-.027	**.802**	-.044	-.039	.047	-.079
부모님은 내가 언제 돌아올지를 알고 계심	-.024	-.002	**.680**	.001	.041	.054	-.005
부모님은 나의 잘못을 별로 상관 않고 넘어가심	-.013	-.035	-.044	.092	**.695**	-.231	-.094
부모님은 하지 말아야 할 행동에 대한 규칙을 정함	-.052	-.025	.094	-.133	**.584**	.136	.030
부모님은 잘못하면 정도에 따라 적절하게 꾸중을 하심	.146	.016	.048	.061	**.741**	.095	.137

주: 1) 요인추출방법 : 주성분분석(Principal Component Analysis)
　　2) 회전방법 : Oblimin with Kaiser Normalization

〈표 3-15〉 부모의 자기통제력 및 자녀양육에 대한
확인적 요인분석(n=817)

측정문항	요인부하값[1]
아버지의 자기통제력	
아버지는 화가 나면 물불을 가리지 않는다	.673
아버지는 모든 일을 기분나는 대로 처리하신다	.779
아버지는 주위사람의 불편에 신경쓰지 않음	.572
아버지는 말보다 주먹이 앞선다	.733
아버지는 위험하고 짜릿한 활동을 즐긴다	.419

(계속)

측정문항	요인부하값[1]
어머니의 자기통제력	
어머니는 화가 나면 물불을 가리지 않는다	.710
어머니는 모든 일을 기분나는 대로 처리하신다	.684
어머니는 주위사람의 불편에 신경쓰지 않는다	.567
어머니는 말보다 주먹이 앞선다	.680
어머니는 위험하고 짜릿한 활동을 즐긴다	.477
아버지와의 동일시	
다른 사람이 우리 아버지이었으면 좋겠다	.761
나는 아버지에게 불만이 많다	.811
아버지에 대해서 나는 매우 화가 난다	.866
나는 아버지를 자랑스럽게 생각한다	.784
나는 아버지를 진정으로 믿고 의지한다	.804
나는 아버지를 좋아하지 않는다	.830
어머니와의 동일시	
다른 사람이 우리 어머니이었으면 좋겠다	.746
나는 어머니에게 불만이 많다	.772
어머니에 대해서 나는 매우 화가 난다	.826
나는 어머니를 자랑스럽게 생각한다	.733
나는 어머니를 진정으로 믿고 의지한다	.770
나는 어머니를 좋아하지 않는다	.696
의사소통 친밀성	
나의 장래에 대해 부모와 상의하는 편이다	.672
학교생활에 대해 부모와 자주 이야기한다	.828
부모님과 나는 무엇이든 허물없이 얘기한다	.772
감독	
부모님은 내가 어디에 있는지 아신다	.777
부모님은 내가 누구와 함께 있는지 아신다	.742
부모님은 내가 어떤 행동을 하는지 아신다	.739
부모님은 내가 언제 돌아올지를 알고 계신다	.587

(계속)

측정문항	요인부하값[1]
처벌	
부모님은 내가 잘못을 저질러도 별로 상관 않고 넘어간다	.272
부모님은 내가 하지 말아야 할 행동에 대해 규칙을 정해주신다	.392
부모님은 내가 잘못을 저지르면 그 정도에 따라 적절하게 꾸중이나 벌을 주신다	.900

주: 1) 완전표준화 계수임.
　　2) 모델의 모형부합도: DF=443, 카이자승=1723.33(p <.000), RMSEA=.064

IV. 분석결과

제1절 범죄성의 세대 간 전이 실태

1. 부모 범죄와 자녀 범죄의 관계

부모의 실제 범죄 경험과 자녀의 비행 및 범죄가 실제로 어떠한 관계가 있는가를 알아보기 위해 먼저 상관분석을 실시하였다.[21] 부모 범죄와 자녀 범죄의 상관관계 분석 결과는 <표 4-1>에 제시되었다. 부모의 가족폭력과 자녀의 비행이나 폭력 및 재산 범죄와의 관계를 보면, 부모의 가족폭력은 모든 자녀의 비행 및 범죄와 통계적으로 유의미한 정적 상관관계가 있는 것으로 나타났다. 구체적으로, 아버지에 의한 어머니의 구타 및 부모에 의한 자녀구타가 증가할수록 자녀의 비행, 재산범죄 그리고 폭력범죄가 모두 증가하는 것으로 나타났다. 그리고 부모에 의해 직접적인 구타피해 경험이 있는 청소

---

[21] 상관관계 분석에 투입된 변수 중에서 여러 문항으로 측정된 것은 문항들의 응답을 단순 합산한 변수를 활용하였다. 이는 이후 실시한 회귀분석에서도 동일한 방법이 적용되었다.

년이 아버지에 의한 어머니 구타를 목격한 청소년보다 상대적으로 비행과 범죄를 더 많이 저지르는 것으로 나타났다. 더욱이 가족폭력은 자녀의 비행이나 범죄에 모두 유의한 관계를 보이고 있다. 즉, 출생가족에서 가족폭력의 피해 경험이 있는 경우 폭력 범죄를 더 많이 저지를 뿐만 아니라 자기통제이론의 주장대로 다양한 비행 및 범죄가 세대 간에 전이된다는 것을 보여주는 결과를 제시하고 있다.

그리고 부모의 경찰체포 경험 유무에 따라서도, 자녀의 재산범죄를 제외하면, 자녀의 비행 및 폭력범죄와 유의한 정적인 상관관계를 가지는 것으로 나타났다. 또한 부모의 가족폭력 및 경찰체포 경험을 합산한 부모범죄는 자녀의 비행 및 범죄 경험 모두와 정적인 관계가 있는 것으로 나타났다. 이러한 결과는 "범죄는 가족을 통해 지속된다"는 세대 간 범죄전이 가능성을 강하게 시사하는 결과로 볼 수 있을 것이다.

한편 자녀의 비행 및 범죄 유형별 경험 간의 상관관계를 보면, 비행과 폭력 및 재산 범죄의 상관관계가 .5이상으로 매우 높게 나타났다. 이는 한 가지 범죄에 집중하는 범죄 전문화 경향보다는 자기통제이론에서 주장하는 여러 가지 문제행동을 반복적으로 일삼는다는 다능성(versatility) 명제를 지지하는 결과로 해석된다.

〈표 4-1〉 부모와 자녀의 범죄경험 간의 상관계수

	(1)	(2)	(3)	(4)	(5)	(6)	(7)
(1)부모의 구타	1.000						
(2)부모의 자녀 구타	.591***	1.000					
(3)부모 경찰체포[1]	.142***	.147***	1.000				
(4)부모범죄[(1)+(2)+(3)]	.819***	.816***	.543***	1.000			
(5)자녀비행	.233***	.264***	.162***	.302***	1.000		
(6)자녀의 폭력범죄	.176***	.256***	.128***	.258***	.553***	1.000	
(7)자녀의 재산범죄	.156***	.209***	.050	.194***	.535***	.531***	1.000

주 : 1) 부모의 경찰체포 경험 없음 0, 있음 1　　　2) * : $p<.05$　**: $p<.01$　***: $p<.001$

　　본 연구의 범위에서는 다소 벗어나지만, 특정 가족에의 범죄 집중 현상과 관련하여 부모의 범죄 경험이 조사대상 자녀뿐 아니라 그 형제자매의 비행이나 범죄와도 어떤 관계가 있는지를 살펴보았다. 이를 위해, 자녀가 2명 이상인 가족을 대상(n=724)으로, 형제자매의 가출 및 경찰에 잡힌 경험과 부모 및 조사대상 자녀의 범죄 경험이 관계가 있는지를 평균차이 분석을 통해 알아보았다(<표 4-2>, <표 4-3> 참조). 분석결과, 형제자매의 가출 및 경찰체포 경험 여부에 따라 조사대상 자녀의 비행 및 범죄 경험의 평균값에 유의미한 차이가 있는 것으로 나타났다. 즉 형제자매가 가출이나 경찰 체포 경험이 있는 경우, 조사대상 자녀도 더 많은 비행이나 범죄를 저지르는 것으로 나타난 것이다. 하지만 부모의 가족폭력 범죄와 관련해서는 기대했던 방향과 일치하지만 유의한 수준의 차이는 발견되지 않았다.

<표 4-2> 형제자매의 가출경험과 가족 범죄의 평균차이 분석

	형제(자매)의 가출 경험	사례수	평균	표준편차	T값	P값 (양측검증)
부모의 가족폭력 범죄	없다	679	.58	.75	-1.73	.091
	있다	45	.73	.97		
조사대상 자녀의 비행	없다	679	.41	.55	-3.91***	.000
	있다	45	1.01	.67		
조사대상 자녀의 범죄	없다	679	.37	.48	-2.57*	.013
	있다	45	.70	.63		

〈표 4-3〉 형제자매의 경찰체포 경험과 가족 범죄의 평균차이 분석

	형제(자매)의 경찰체포 경험	사례수	평균	표준편차	T값	P값 (양측검증)
부모의 가족폭력 범죄	없다	692	.59	.75	-.80	.427
	있다	32	.73	1.02		
조사대상 자녀의 비행	없다	692	.41	.55	-4.87***	.000
	있다	32	1.01	.69		
조사대상 자녀의 범죄	없다	692	.37	.49	-2.90**	.007
	있다	32	.70	.62		

그리고 자녀들 간의 공식적인 처벌 경험 간에도 유의미한 관계가 있는 것으로 나타났다. <표 4-4>에서 볼 수 있듯이, 조사대상 자녀의 경찰에 잡힌 경험과 학교에서의 징계경험은 형제자매가 경찰에 잡힌 경험과 유의한 관계가 있는 것으로 나타났다. 즉, 형제자매가 있는 조사대상 자녀가 학교에서 징계경험이 있거나 경찰에 잡힌 경험이 있는 경우, 그 형제자매도 경찰에 잡힐 가능성이 높다는 것이다. 선행연구 검토에서 살펴본 캠브리지 연구나 피츠버그 청소년 연구에서 밝혀진 것과 같이, 형제자매의 범죄가 조사 대상 소년의 범죄를 효과적으로 예측할 수 있음을 보여주는 것이다. 이상의 분석결과를 통해, 형제자매 간의 비행 및 범죄 간에는 유의미한 관계가 있으며, 이는 특정 가족에 범죄자가 집중될 수 있는 가능성을 보여주는 것으로 판단해 볼 수 있다.

〈표 4-4〉 조사대상자와 형제자매의 공식처벌 경험 교차분석(n=723)

		형제자매가 경찰에 잡힌 경험			유의확률
		없음	있음	합계	
조사대상 자녀가 경찰 잡힌 경험	없음	610	14	624	x^2=51.3***
	있음	81	18	99	df=1
	합계	691	32	723	P=.000(양측검증)
조사대상 자녀의 학교 징계경험	없음	663	27	690	x^2=9.40*
	있음	28	5	33	df=1
	합계	691	32	723	P=.012(양측검증)

비록 2차 분석으로 인해 제한되고 간접적인 자료를 이용하여 분석하였지만, 부모에서 자녀에로의 세대 간 범죄전이 현상과 특정 가족에의 범죄 집중이 발생하고 있음을 분명히 보여주고 있다. 즉, 부모의 범죄성이 강할수록 조사대상 자녀의 비행 및 범죄가 증가하고 있으며, 형제자매의 비행 및 범죄 또한 조사대상 자녀의 비행 및 범죄와 유의미한 관계가 있는 것으로 나타났다. 따라서 "부모가 범죄행위를 많이 할수록 자녀의 범죄행위도 증가할 것이다"는 <가설 7-1>은 채택되었다.

2. 부모자녀 간 자기통제력의 관계 분석

부모자녀 간의 범죄 행위에 대한 상관관계 분석에 이어, 부모자녀 간 자기통제력 간의 상관관계를 분석하였다. 2장에서 언급하였듯이, 낮은 자기통제력은 범죄성과 매우 유사한 개념이다. 부모의 범죄가 자녀의 범죄로 전이되기 위해서는 부모의 자기통제력이 낮을수록 자녀의 자기통제력도 낮아야 한다. 즉, 부모자녀 간의 자기통제력이 정적인 상관관계를 보일 것이다. 분석결과는 <표 4-5>에 제시되어 있다. 예상했던 바와 같이, 부모와 자녀의 자기통제력은 유의미한 정적 상관관계를 보이고 있는 것으로 나타났다. 자녀의 자기통제력은 아버지의 그것과 상관계수가 .337, 어머니와는 .192로 둘 다 유의한 정적인 상관관계를 보이고 있다. 하지만, 어머니에 비해 아버지의 자기통제력이 자녀의 자기통제력과 더 강한 관계를 갖는 것으로 나타났다. 결과적으로, 부모자녀 간의 자기통제력의 정적인 상관관계를 볼 때, "부모의 자기통제력이 낮을수록 자녀의 자녀통제력도 낮을 것이다"는 <가설 7-2>도 채택되었다.

<표 4-5> 부모자녀 간의 자기통제력 상관계수

	(1)	(2)	(3)
(1) 부의 자기통제력	1.000		
(2) 모의 자기통제력	.289***	1.000	
(3) 자녀의 자기통제력	.337***	.192***	1.000

* : p< .05 **: p< .01 ***: p< .001

여기서 자녀의 성별에 따라 부모의 자기통제력과의 상관관계를 알아보기 위해 추가로 분석을 실시하였다(<표 4-6> 참조). 아들과 딸 모두의 자기통제력은 어머니보다 아버지의 자기통제력과 더 강한 정적인 상관관계를 보이고 있었다. 특히 아들(r=.309)에 비해 딸(r=.372)이 아버지와의 자기통제력의 상관관계가 더 높은 것으로 나타났다. 이는 어머니에 대해서도 마찬가지로, 아들(r=.166)에 비해 딸(r=.235)이 어머니의 자기통제력과 상관관계가 더 강한 것으로 나타났다. 하지만, 부모 간의 자기통제력에 대한 자녀의 평가에 대해서는 딸(r=.256)에 비해 아들(r=.321)이 더 높게 응답한 것으로 나타났다.

<표 4-6> 자녀 성별 부모자녀 간의 자기통제력 상관계수

		(1)	(2)	(3)
	(1) 부의 자기통제력	1.000		
아들(n=473)	(2) 모의 자기통제력	.321***	1.000	
	(3) 아들의 자기통제력	.309***	.166***	1.000
	(1) 부의 자기통제력	1.000		
딸(n=347)	(2) 모의 자기통제력	.256***	1.000	
	(3) 딸의 자기통제력	.372***	.235***	1.000

* : p< .05 **: p< .01 ***: p< .001

<표 4-5>에서 나타난 한 가지 흥미로운 사실은 부모 간의 자기통제력도 .289의 높은 정적인 상관관계를 보이고 있다는 점이다. 패링턴 등(Farrington et al, 2001)이 세대 간 범죄전이 및 특정 가족에서의 집중 현상의 원인의 하나로 지적하였고, 또한 자기통제이론에서도 유유상종의 원리에 의해 설명될 수 있는 것으로, 자기통제력이 유사한 남녀 간의 결혼이 이루어진다는 동질혼의 가능성을 보여주는 결과이다. 향후 이 주제에 대한 추가적인 연구가 필요한 것으로 판단된다. 이 조사결과에서 나타나듯이, 만약 자기통제력이 유사한 배우자 간의 결혼이 이루어지는 것이 사실이라면, 자기통제이론을 배우자 선택이라는 새로운 영역에서도 적용할 수 있게 되고 또한 특정 가족에서 범죄의 집중 현상과 동시에 세대 간 범죄전이를 더 효과적으로 설명할 수 있을 것이기 때문이다.

지금까지 분석에서 나타난, 부모자녀 간의 실제 범죄 행위 및 자기통제력에서 발견된 유의한 정적인 상관관계, 형제자매 간 범죄행

위의 관련성, 그리고 부부간 자기통제력의 관련성 등은 캠브리지 연구나 피츠버그 청소년 연구 모두에서 발견되는 현상들이다. 이런 결과들은 부모의 범죄성이 자녀의 범죄성으로 전이가 발생한다는 것을 보여주는 것이며, 동시에 특정 가족에 범죄의 집중 현상이 발생함을 보여주는 것이기도 하다.

제2절 범죄성의 세대 간 전이 과정에 대한 분석

앞 절에서는 부모와 자녀의 범죄성이 어떤 관계를 가지고 있는가에 대해 주로 분석하였다. 이를 통해, 부모세대에서 자녀세대로의 범죄성의 전이 현상이 확인되었다. 여기서는 본 연구의 핵심적 관심영역인 세대 간 범죄성의 전이가 어떤 과정을 통해 발생하는가에 대해 분석하고자 한다. 여기서는 부모의 범죄성, 즉 낮은 자기통제력이 자녀양육을 매개로 하여 자녀의 자기통제력으로 전이되는가를 검증하는 것에 분석의 초점을 둘 것이다.

1. 상관관계 분석

먼저, 세대 간 범죄성의 전이 과정 분석에 활용되는 모든 변수들을 동시에 투입하여 변수들 간의 단순 상관관계 분석을 실시하였다. 분석결과는 <표 4-7>에 제시되었다.

아버지의 자기통제력은 집안형편과 정적 상관관계를 보였는데, 이는 아버지의 자기통제력이 높을수록 집안형편이 더 여유가 있을 것으로 해석된다. 또한 아버지의 자기통제력이 높을수록 어머니가 취업한 경우보다는 전업주부일 가능성이 더 높고, 또한 결손가정보다는 온전가정일 가능성이 더 높을 것으로 나타났다. 그리고 아버지의 자기통제력은 자녀의 애착수준 및 감독과도 정적인 상관관계를 보이고 있다. 즉, 아버지의 자기통제력이 높을수록 자녀의 부모에 대한 애착 수준이 높으며, 자녀에 대한 감독도 더 엄격하게 이루어질 가능성이 있는 것이다. 아버지와 마찬가지로, 어머니의 경우에도 자기통제력이 높을수록 결손가정보다 온전가정일 가능성이 더 높은 것으로 나타났다. 자녀양육과 관련해서도 어머니의 자기통제력이 자녀의 부모에 대한 애착 및 감독과 정적 상관관계를 보이고 있다. 하지만, 부모의 자기통제력은 처벌의 적정성과는 어떠한 유의한 관계도 발견되지 않았다. 요약하면, 아버지와 어머니 모두에서 자기통제력이 높을수록 자녀가 성장하는 가족환경이 전반적으로 더 바람직하고, 또한 처벌을 제외한 자녀양육이 더 적절하게 이루어질 가능성이 높을 것으로 생각해 볼 수 있을 것이다.

이어서, 가족의 인구학적 특성 변수와 유의한 상관관계를 보이는 변수를 중심으로 살펴보면 다음과 같다. 먼저, 자녀수는 부모와의 애착과는 부적인 상관관계를 보였다. 그러나 자녀수는 다른 가족환경이나 다른 자녀양육 변수와는 별다른 유의한 관계를 보이지 않았다. 어머니가 취업한 경우는 온전가정보다는 결손가정에서 더 많았으며, 부모의 학력 및 가정형편과 부적인 상관관계를 보이고 있다. 그리고 어머니의 취업 여부는 자녀에 대한 부모의 실질적 감독과는 부적인 상관관계를 가졌으나 다른 자녀양육 변수와는 어떠한 유의한 관계도 발견되지 않았다. 즉, 어머니가 취업한 경우에는 가정형편이 어렵고, 결손가정인 경우일 가능성이 높으며, 또한 이로 인해 자녀에 대한 감독과는 부적인 관계를 보이는 것으로 예상해 볼 수 있을 것이다.

한편, 결손여부에 따라 결손가정에 비해 온전가정이 가정형편과 정적인 상관관계를 보이며, 모든 자녀양육 변수들과도 정적인 상관관계를 보이고 있는 것으로 나타났다. 즉, 부모에 대한 자녀의 애착, 자녀행동에 대한 감독, 잘못된 행동에 대한 처벌 모두가 결손가정에 비해 온전가정에서 더 적절히 이루어지고 있음을 알 수 있다. 나아가 결손가정에 비해 온전가정과 자녀의 자기통제력 간에 정적인 상관관계가 발견되었다.

다음에는 가족의 사회경제적 지위를 나타내는 부모의 학력 및 가정형편 변수가 다른 변수들과 갖는 유의한 관계를 살펴보았다. 부모 간 학력은 매우 높은 상관관계(r=.753)를 보였다.[22] 관계 강도의 차이는 다소 있지만, 부모 각각의 학력 변수는 다른 변수와 유사한 형태의 상관관계 유형을 보이고 있었다. 즉, 부모 모두의 학력이 가정형편과 정적인 상관관계를 보이고, 나아가 감독 및 처벌과도 정적인 상관관계를 보이고 있는 것이다. 이는 부모의 학력이 높을수록 가정형편이 좋고, 또한 자녀에 대한 감독과 처벌도 절절히 이루어질 가능성이 높다는 것을 의미한다. 한편, 가정형편 변수는 모든 자녀양육 변수와 유의한 정적인 관계를 갖는 것으로 나타났다. 즉, 가정형편이 나을수록 애착 수준이 높고, 자녀행동에 대한 감독과 처벌도 적절히 주어질 가능성이 높다는 것을 알 수 있다.

자녀의 개인적 특성 변수인 자녀의 성에 따라서는, 아들에 비해

---

22) 향후 분석에 아버지와 어머니의 학력 변수를 모두 투입하게 되면 다중공선성(multicollinearity)의 문제가 발생할 수 있어 아버지의 학력만을 향후 분석에 투입할 것이다.

딸이 부모 감독과 정적인 상관관계를 갖는 것으로 나타났다. 이는 아들에 비해 딸에 대한 부모의 감독이 더 엄격하게 이루질 가능성이 높다는 것을 의미한다.

자녀양육 및 자녀의 자기통제력과의 관계를 살펴보면, 세 개의 자녀양육 변수 간에 서로 정적으로 유의한 상관관계를 보였다. 즉, 부모와 애착이 잘 형성될수록 실질적 감독과 처벌도 적절하게 주어지는 것으로 나타났으며, 감독과 처벌 간에도 유의한 정적인 관계가 존재하는 것으로 나타났다. 이들 세 자녀양육 하위 영역과 자녀의 자기통제력과의 관계를 살펴보면 애착과 감독은 자녀의 자기통제력과 유의한 정적인 상관관계가 발견되었으나, 처벌과는 방향만 일치할 뿐 유의한 관계를 보이지 않았다.

부분적으로는 자기통제이론의 예측과 다른 결과도 있지만, 전체적으로 볼 때 이와 같은 상관관계 분석 결과는 자기통제이론의 주장과 관계의 방향이 일치하는 결과를 제시하고 있다.

<표 4-7> 부모의 자기통제력, 가족환경, 자녀양육, 자녀의 자기통제력간의 상관계수(n=817)

	(1)	(2)	(3)	(4)	(5)	(6)	(7)	(8)	(9)	(10)	(11)	(12)	(13)
(1) 부의 자기통제력	1.000												
(2) 모의 자기통제력	.287***	1.000											
(3) 자녀수	-.010	-.036	1.000										
(4) 모의 취업[1]	-.079*	-.032	-.004	1.000									
(5) 온전가정[2]	.084*	.104**	.005	-.164***	1.000								
(6) 아버지 학력	.023	-.076*	.027	-.143***	.008	1.000							
(7) 어머니 학력	.007	-.065	-.017	-.121***	.038	.753***	1.000						
(8) 가정형편	.169***	.048	-.061	-.123***	.192***	.254***	.313***	1.000					
(9) 자녀의 성[3]	.025	-.062	.136***	-.055	.035	.062	.007	-.032	1.000				
(10) 부모와의 애착	.455***	.338***	-.080*	-.055	.155***	.027	.032	.190***	.041	1.000			
(11) 실질적 감독	.142***	.139***	-.008	-.118***	.136***	.161***	.140***	.121***	.136***	.346***	1.000		
(12) 처벌	.048	.031	-.006	.012	.104**	.143***	.143***	.156***	.054	.217***	.176***	1.000	
(13) 자녀 자기통제력	.337***	.191***	.007	-.068	.072*	.066	.034	.075*	.064	.236***	.244***	.059	1.000

주 : 1) 전업주부 0, 취업모 1.　2) 결손가정 0, 온전가정 1　3) 남성 0, 여성 1　4) * : p< .05　**: p< .01　***: p< .001

2. 회귀분석

가. 부모의 자기통제력, 가족환경 및 자녀특성이 자녀양육에 미치는 효과

부모의 자기통제력 및 가족환경, 그리고 자녀의 성과 연령이 부모의 자녀양육 방식에 미치는 효과를 분석하기 위해 중다회귀분석을 실시하였다. 부모의 낮은 자기통제력은 범죄성을 의미한다고 간주하고, 먼저 부모의 자기통제력 변수가 자녀양육에 미치는 효과를 분석하였다. 그런 다음 가족환경 변수와 자녀의 성을 독립변수로, 그리고 자녀의 연령 변수를 통제변수로 동시에 투입하여 이들 변수들이 부모의 자녀양육 방식에 미치는 효과를 분석하였다.

분석결과는 <표 4-8>에 제시되었다. 자녀의 부모에 대한 애착을 종속변수로 한 <모형 1>에서, 자녀의 부모에 대한 애착 분산은 아버지와 어머니의 자기통제력만으로도 25%가 설명되고 있다. 이후 가족환경 및 자녀의 성과 연령 변수를 투입한 <모형 2>에서 전체 설명력이 29%로 약간의 증가를 보였다. 이는 애착이 아버지와 어머니의 자기통제력에 의해 대부분 설명되고 있음을 의미한다. 특히 어머니에 비해 아버지의 자기통제력이 높을수록 자녀의 부모에 대한 애착수준이 높은 것으로 나타났다. 부모의 자기통제력을 제외하고, 애착에 영향을 미치는 요인은 자녀수, 온전가정 여부, 가정형편, 자녀의 성 및 연령으로 나타났다. 자녀수가 많을수록 부모의 자녀에 대한 애착수준이 낮았고, 결손가정에 비해 온전가정에서, 그리고 가정형편이 나을수록 자녀의 부모에 대한 애착이 높은 것으로 나타났다. 또한 아들에 비해 딸이 부모에 대한 애착수준이 더 높은 것으로 나타났다. 그러나 어머니의 취업 여부는 자녀의 애착에 유의한 영향을 미치지 못하는 것으로 나타났다. 이러한 결과는 애착 개념이 다분히 오랜 자녀양육을 통해 자녀의 내면에 형성된 통제기제이기 때문에 조사시점에서 어머니의 취업보다 자녀가 6-8세 이전에 어머니의 취업 여부를 파악할 수 없다는 점에서 그 원인이 있는 것으로 여겨진다. 하지만 본 자료는 조사시점에서 어머니의 취업 여부를 조사한 것으로, 본 자료로는 양육기 어머니의 취업 여부를 알 수 없다는 한계가 있다. 한편, 자녀의 연령에 따라서는 10대 중후반까지는 연령이 증가할수록 부모와의 애착수준은 감소하는 것으로 나타났다. 10대 중후반의 자녀가 부모로부터 독립하여 자신의 세계를 구축하는 과정에서 부모와의 갈등도 증가한다는 사실에 비추어 보면, 상식과 일치되는 결과로 여겨진다.

감독은 오랜 자녀양육의 결과로 형성된 내면적 통제기제로 자녀의 범죄 억제에 강한 영향력을 미치는 것으로 알려져 있다(Hirschi, 1969). 자녀가 범죄를 저지를 수 있는 상황에서 부모의 반응을 실제로 어느 정도 고려하는지를 알 수 있는 내면적인 통제기제이기 때문이다. 분석결과를 보면 감독에 대한 설명력은 부모의 자기통제력에 의해 단지 3%가 설명되고(<모형 1> 참조), 모든 변수를 투입한 상태에서도 자녀에 대한 실질적 감독 변량에 대한 설명력은 10% 수준(<모형 2> 참조)에 그치고 있다. 이는 애착에 비해 감독에 대한 외생변수들에 의한 설명력이 떨어짐을 의미한다. 또한 애착 분석결과와 달리 부모의 자기통제력보다는 가족환경이나 자녀의 특성 변인에 의한 설명력이 더 강한 것으로 나타났다. 감독에 가장 강한 영향을 미치는 요인은 자녀의 성과 아버지의 교육수준이었다. 자녀의 성에 따라서는 아들에 비해 딸에 대해, 그리고 아버지의 학력이 높을수록 자녀 행동에 대한 감독이 더 엄격하게 이루어지는 것으로 나타났다. 그리고 결손가정에 비해 온전가정의 자녀에 대한 감독이 더 강한 것으로 밝혀졌다. 아버지의 자기통제력이 강한 영향을 미치는 애착과는 달리, 감독은 어머니의 자기통제력이 더 큰 영향을 미치는 것으로 나타났다. 같은 맥락에서 어머니의 취업이 자녀에 대한 감독에 부적인 영향을 미치는 것으로 나타났다. 이러한 결과는 일상적인 자녀양육을 어머니가 대부분 담당하는 우리 현실을 반영한 결과로 여겨진다. 그러나 기대했던 가정형편과 자녀수는 그 방향은 일치했으나, 감독에 유의한 영향은 미치지는 못하는 것으로 나타났다.

끝으로, 투입된 외생변인들이 자녀의 잘못된 행동에 대한 부모의 처벌에 미치는 효과를 살펴보자. <모형 1>에서 부모의 자기통제력은 처벌에 별다른 영향을 미치지 못하고 있으며, 또한 모든 변수를 투입한 <모형 2>에서도 설명력이 7%에 지나지 않는 것으로 나타났다. 이러한 결과는 처벌의 측정에 문제가 있었던 것이 한 원인으로 판단된다. 3절에서 지적하였듯이 처벌 문항의 신뢰도가 낮고 수렴타당도도 높지 않았기에, 향후 처벌의 적정성 측정에 대한 보완이 필요하다고 판단된다. 하지만 아버지의 교육수준이 높을수록, 가정형편이 좋을수록 그리고 결손가정에 비해 온전가정에서 자녀의 잘못된 행동에 대한 적절한 처벌이 주어지는 것으로 나타났다. 그러나 어머니의 취업여부에 따라서는 전업주부보다 취업주부가 자녀의 잘못된 행동에 대해 오히려 더 엄격하게 처벌하고 있는 것으로 나타나, 기대와는 상반된 결과를 보였다. 향후 추가적인 연구가 필요하겠지만, 어머니의 취업 성격과 시기 그리고 취업에 따른 자녀양육 대안 마련 여부 등에 대한 고려가 필요할 것으로 판단된다. 어머니의 취업이 생계형인지 혹은 전문직인지, 혹은 취업시기가 결혼 후 지속되었는지 아니면 자녀양육 후 취업한 것인지 그리고 취업 후 자녀양육을 보조할 방안이 마련되었는지 등에 대한 추가적인 자료를 확보할 필요가 있을 것이다. 처벌에 가장 큰 영향을 미치는 변수는 자녀의 연령으로 나타났다. 10대 초중반 이후의 청소년기에 달하면 부모는 자녀의 행동에 대한 규칙이나 자녀의 잘못된 행동에 대해 제재를 덜 가한다는 것을 의미하는데, 이는 자녀가 청소년기에 접어들면 부모와의 애착이 감소하는 현상과 유사한 이유가 작용한 결과로 여겨진다.

지금까지의 회귀분석 결과로 볼 때, 다음과 같은 사실을 확인할 수 있다. 첫째, 투입된 독립변수들에 의한 자녀양육 방식에 대한 회귀분석에서 자녀의 부모에 대한 애착은 비교적 잘 설명이 된다. 하지만 감독과 처벌에 대한 설명력은 각각 10%, 7% 수준으로 투입된 독립변수로는 부모가 자녀를 어떻게 감독하고 잘못된 행동에 대해 적절한 처벌을 가하는가를 효과적으로 설명하지 못한다는 것을 알 수 있다. 둘째, 아버지와 어머니의 자기통제력은 처벌을 제외한 애착과 감독에 유의미한 영향을 미치고 있다. 특히 애착의 경우 부모의 자기통제력 변수를 통해 대부분 설명된다. 따라서 부모의 자기통제력이 가족의 자녀양육 방식에 영향을 미치는 매우 중요한 변수임을 알 수 있다. 셋째로, 자기통제이론 모형에는 포함되지 않았지만, 아버지의 학력과 가정형편도 자녀양육의 모든 하위차원 영역에 영향을 미치고 있는 것으로 나타났다. 넷째, 가족의 사회인구학적 변수에서 가장 중요한 변수는 결손여부로 나타났다. 결손가정에 비해 온전가정 자녀들이 부모와의 애착도 잘 형성하고, 엄격한 감독과 적절한 처벌을 받는 것으로 밝혀졌다. 또한 자녀수는 부모와의 애착에만 영향을 미쳤으며, 어머니의 취업은 감독에는 부적인 영향을 미쳤으나 처벌은 더 엄격하게 하는 것으로 나타났다. 마지막으로, 자녀의 개인적 특성의 효과를 보면, 자녀의 성별에 따라서 부모의 자녀양육 방식에 차이가 있음이 확인되었다. 특히 아들에 비해 딸이 부모에 대한 애착 정도가 더 강하고, 부모의 감독도 딸에게 더 엄격하게 주어지는 것으로 나타났다. 그리고 자녀의 연령이 증가함에 따라 부모와의 애착이 감소하고 또한 부모의 자녀에 대한 처벌도 느슨해져, 청소년기 자녀들이 부모로부터 점차 독립적인 생활을 영위하는 것으로 밝혀졌다. 부분적으로는 예상과 다른 결과도 있지만, 전체적으로 볼 때 이와 같은 회귀분석 결과는 자기통제이론의 예측과 일치하는 것이다.

<표 4-8> 부모의 자기통제력, 가족환경 및 자녀특성과
자녀양육의 회귀분석 결과

	애 착		감 독		처 벌	
	〈모형 1〉	〈모형 2〉	〈모형 1〉	〈모형 2〉	〈모형 1〉	〈모형 2〉
부 자기통제력	.390***	.361***	.110**	.080*	.043	-.001
모 자기통제력	.226***	.219***	.106**	.120***	.019	.019
자녀수		-.069*		-.025		-.001
모의 취업[2]		.011		-.057*		.062*
온전가정[3]		.088**		.102**		.092**
부 교육수준		.001		.141***		.091*
가정형편		.090**		.045		.095**
자녀의 성[4]		.053*		.141***		.034
자녀 연령		-.057*		.011		-.160***
R^2	.25	.29	.03	.10	.00	.07
F비	139.3***	35.8***	12.7***	9.4***	1.1	7.1***
사례수	820	820	820	820	817	817

주 : 1) 표준화된 회귀계수임   2) 전업주부 0, 취업모 1.
  3) 결손가정 0, 온전가정 1   4) 남성 0, 여성 1
  5) * : $p < .05$(단측검증) **: $p < .01$ ***: $p < .001$

나. 자녀양육 및 자녀의 개인특성이
자녀의 자기통제력에 미치는 효과

앞에서 종속변수로 설정되었던 부모의 자녀양육 방식이 자녀의 자기통제력에 미치는 효과를 <표 4-9>의 <모형 3>을 통해 보면, 자녀양육 변수 중에서 자녀의 자기통제력에 유의한 영향을 미치는 변수는 자녀의 부모에 대한 애착과 실질적 감독으로 나타났다. 처벌은 자기통제력에 유의한 영향을 미치지 못했다. 이들 자녀양육 변수에 의한 자녀의 자기통제력에 대한 설명력은 9%로 그다지 높지 않은 것으로 나타났다. 자녀의 성에 따라 아들에 비해 딸의 자기통제력이 더 높을 것이라는 예상과 방향은 일치하였지만, 유의한 수준에는 달하지 못하는 것으로 나타났다(<모형 1> 참조). 덧붙여 통제변수로 투입된 자녀의 연령이 자기통제력에 미치는 효과를 보면, 연령은 자기통제력에 유의한 영향을 미치지 못하는 것으로 나타났다(<모형 2>참조).

자녀양육 변수와 자녀의 특성 변수를 모두 투입한 최종 모델(<모형 4> 참조) 분석결과를 보면, 자녀의 자기통제력 형성에 유의한 영향을 미치는 변수는 애착(β=.173)과 감독(β=.181)으로 나타났다. 그리고 처벌은 유의한 영향을 미치지 못하는 것으로 나타났고, 자녀의 자기통제력에 대한 투입된 전체 변수의 설명력은 9%로 낮은 편이다. 자기통제력의 생성 원인에 대한 경험적 연구들과 유사하게, 현재 측정하고 있는 자녀양육 방식만으로는 자녀의 자기통제력의 생성 원인을 충분히 규명하지 못한다는 것을 알 수 있다.

〈표 4-9〉 자녀양육 및 자녀 개인특성과 자기통제력의 회귀분석 결과

	자녀의 자기통제력			
	〈모형 1〉[1]	〈모형 2〉	〈모형 3〉	〈모형 4〉
애착	-	-	.174***	.173***
감독	-	-	.186***	.181***
처벌	-	-	-.011	-.014
자녀의 성[2]	.063	-	-	.032
자녀 연령	-	-.051	-	-.011
R^2	.00	.00	.09	.09
F비	3.24	2.10	25.3***	15.4***
사례수	820	820	817	817

주 : 1) 표준화된 회귀계수임　　　　2) 남성 0, 여성 1
　　 3) * : $p < .05$　**: $p < .01$　***: $p < .001$

3. 구조방정모형 분석

회귀분석에 이어 구조방정모형 분석을 실시하는 이유에 대해 간단히 언급하고자 한다. 첫째, 회귀분석에서는 관찰변수의 측정오차가 없는 것으로 가정하는 반면에, 구조방정모형은 확인적 요인분석을 실시하는 측정모델을 별도로 지니고 있어 측정오차를 제외한 순수한 잠재변인 간의 구조관계를 경로분석을 통해 파악한다는 장점을 지니고 있다. 둘째로, 회귀분석 결과만으로는 부모의 자기통제력이 자녀양육을 통해 미치는 간접 효과를 분리할 수 없는 한계가 있다. 구조방정 모형에서는 경로분석과 마찬가지로 총 효과를 직접효과와 간접효과로 분해하는 효과분해가 가능하다는 장점이 있다. 따라서 회귀분석에 비해 구조방정 모형이 좀 더 엄밀한 분석결과를 제시하기 때문에 가설의 채택 및 기각 여부는 앞서 실시한 회귀분석 결과를 참고로 하여 구조방정 모형 분석결과에 따라 결정될 것이다.

부모의 자기통제력은 앞서 연구방법에서 보고한 대로 각각 5개의 측정변수로 구성하였다. 그리고 자녀수, 어머니의 취업여부, 온전가정 여부, 부의 교육수준, 가정형편, 자녀 성, 연령은 단일 변수로 측정하였다. 이들 외생변수 중 일부는 서로 상관관계를 가지고 있어 수정지수(MI)를 이용하여 상호관련이 있는 것으로 모형을 설정하였는데, 아버지의 자기통제력은 어머니의 자기통제력, 가정형편과 상호관계를 갖는 것으로 설정하였다. 결손 여부는 어머니의 취업 및 가정형편과 그리고 아버지의 교육수준은 가정형편이 상호관계가 있는 것으로 외생변수들 간의 관계를 설정하였다. 그리고 자녀양육은 부모와의 애착, 자녀의 행동에 대한 감독, 잘못된 행동에 대한 처벌로 구성되며, 이들 내생변인은 자녀의 자기통제력 형성에 영향을 미치는 것으로 경로를 설정하였다. 또 다른 외생변인인 자녀의 성은 부모의 자녀양육 방식을 통한 간접적 영향과 자녀의 자기통제력에 직접적으로 영향을 미치는 것으로 모형을 구성하였다. 한편, 통제변인인 자녀의 연령은 자녀양육 및 자기통제력에 모두 영향을 미치는 것으로 모형을 설정하였다. 그리고 자녀의 자기통제력은 태도적 측면과 행위적 측면을 동시에 포함시켜 측정모형을 구성하였다. 그런 다음, 잠재변수들 간의 관계는 자기통제이론에 따라 부모의 자녀양육을 매개로 하여서만 자녀의 자기통제력 생성에 영향을 미치는 것으로 모형을 구성하였다.

최종적인 분석 모형과 그 분석 결과는 <표 4-10>과 <그림 4-1>에 제시되었다. 우선 부모의 자기통제력, 가족환경 그리고 자녀의 특성 요인이 자녀양육에 미치는 효과를 분석한 결과를 살펴보자. 먼저 부모의 특성에 따라서는 아버지의 자기통제력이 높을수록, 즉 범죄성이 약할수록 자녀와의 애착(β =.71)이 잘 형성되고, 자녀에 대한 감독(β =.13)도 잘 이루어지는 것을 알 수 있다. 어머니도 마찬가지로 어머니의 자기통제력이 높을수록 자녀와의 애착(β =.22)이 잘 형성되고, 감독(β =.16)도 엄격하게 이루어지는 것으로 나타났다. 다만, 자녀의 부모에 대한 애착에는 아버지의 자기통제력이 보다 중요하고, 감독은 어머니 자기통제력의 영향을 더 강하게 받는 것으로 나타났다. 그리고 처벌에 대해서는 아버지의 자기통제력이 높을수록 처벌(β =.10)이 적정하게 주어지지만 어머니의 자기통제력과는 유의한 관계가 발견되지 않았다. 어머니의 자기통제력이 처벌에 미치는 효과가 발견되지 않은 것을 제외하면, 전체적으로 가설을 지지하는 결과를 보여주고 있다. 따라서 "부모의 자기통제력이 낮을수록 부모의 자녀양육이 적절하게 이루어지지 않을 것이다"는 <가설 1>은 채택되었다.

다음으로, 가족의 인구학적 특성이 자녀양육에 미치는 효과를 살펴보자. 자녀수가 부모의 자녀양육 방식에 미치는 효과의 방향은 일치하지만 유의미한 수준에 달하지는 못했다. 따라서 "자녀수가 많을수록 자녀양육이 적절하게 이루어지지 않을 것이다"는 <가설 2-1>은 기각되었다. 캠브리지 자료를 분석한 한 연구(Reiss and Farrington, 1991)에 의하면 자녀수가 4명 이상인 경우에 범죄 자녀가 증가하는 것으로 나타났다. 따라서 여기서 자녀수가 자녀양육 방식에 유의한 영향을 미치지 못한 것은 조사대상 가족의 평균 자녀수가 2.1명으로 적은 편이고 4명 이상인 가족이 2.9%에 지나지 않기 때문에 자녀수가 자녀양육에 영향을 미치지 못하는 것으로 판단된다. 그리고 어머니의 취업과 관련하여, 어머니의 취업은 자녀행동에 대한 감독에 부적으로 유의한 효과(β=-.07)가 있는 것으로 나타났다. 이는 조사 시점에서의 어머니 취업을 의미하기 때문에, 어머니가 취업한 경우 자녀행동에 대한 감독이 전업주부에 비해 상대적으로 소홀하다는 것을 의미한다. 비록 어머니의 취업이 자녀와의 애착이나 처벌에는 별다른 효과를 갖지는 못하였지만, "어머니가 취업한 경우 자녀행동에 대한 감독 적절하게 이루어지지 않을 것이다"는 <가설 2-3>은 채택된다. 그리고 가족의 결손여부가 자녀양육의 모든 하위 영역에 걸쳐 유의한 영향을 미치는 것으로 나타났다. 결손가정에 비해 온전가정의 자녀들이 부모에 대한 애착(β=.11)도 더 강하고, 부모의 자녀에 대한 감독(β=.11)도 엄격하게 이루어지며, 적절한 처벌(β=.13)도 주어지는 것으로 밝혀졌다. 따라서 "온전가정에 비해 결손가정에서 자녀양육이 비효과적으로 이루어질 것이다"는 <가설 2-2>도 채택되었다.

이어서, 가족의 사회경제적 지위 변수가 자녀양육에 미치는 효과를 보면, 아버지의 학력과 가정형편이 좋을수록 자녀양육이 효과적으로 이루어지는 것으로 나타났다. 아버지의 교육수준은 자녀와의 애착에는 별다른 영향을 미치지 못하지만, 감독(β=.17)에는 유의한 정적 효과를 갖는 것으로 나타났다. 그리고 집안형편이 나을수록 부모에 대한 애착 수준이 높고(β=.10) 처벌도 적절히 주어지는 것(β=.09)으로 나타났다. 따라서 "가족의 사회경제적 지위가 낮을수록 자녀양육이 비효과적으로 진행될 것이다"는 <가설 2-4>도 채택하였다. 이러한 결과는 자기통제이론에서 고려하지 않고 있는 가족의 사회경제적 지위가 자녀양육을 매개로 하여 자녀의 자기통제력에 영향을 미칠 수 있다는 것을 보여주는 결과이다. 자기통제력의 생성 원인에 대한 규명이 필요하다는 사실을 염두에 두고 볼 때, 가족관계의 질적인 측면과 함께 가족의 사회경제적 지위 변수도 추가로 고려할 필요가 있을 것으로 판단된다.

외생변인들이 자녀양육에 미치는 효과분석의 마지막으로, 자녀의 개인적 특성 변수인 성과 연령이 자녀양육에 미치는 효과를 살펴보자. 자녀의 성에 따라서는 부모에 대한 애착 수준에는 별다른 영향을 미치지 않았지만, 아들에 비해 딸에 대한 부모의 감독(β =.12)이 더 엄격하게 이루어진다는 것을 알 수 있다. 따라서 "자녀의 성에 따라 아들에 비해 딸에 대한 감독이 더 강할 것이다"는 <가설 2-5>도 채택하였다. 또한 자녀의 성이 자녀양육에 미치는 효과와는 별도로, 자녀의 성에 따라 아들에 비해 딸의 자기통제력이 더 높은 것(β =.10)으로 밝혀졌다. 이는 <가설 4>와 일치하는 결과로, 이 가설도 채택하였다. 자기통제이론에서 남성에 비해 여성의 자기통제력이 높은 것은 자녀양육과 성 그 자체의 효과 때문이라는 주장을 이 분석결과는 정확히 뒷받침하고 있다. 한편, 통제변인인 자녀의 연령에 따른 자녀양육 및 자기통제력에 미치는 효과를 분석한 결과를 보면, 연령이 높을수록 부모와의 애착(β =-.09)이 약하고 또한 자녀의 잘못된 행동에 대한 처벌(β =-.20)도 약한 것으로 나타났다. 중, 고등학생 청소년들은 연령이 증가함에 따라 부모로부터 분리되고 부모의 규제로부터 벗어나 점차 독립적으로 행동한다는 사실을 고려하면, 이러한 결과는 상식과 일치하는 결과로 여겨진다. 그러나 자녀의 연령에 따라 자녀의 자기통제력이 증가하는 것으로 나타났으나 유의한 영향을 미치지 못하는 것으로 나타났다.

부모의 자기통제력 및 가족환경, 그리고 자녀의 성, 연령에 의해 설명되는 자녀양육의 하위영역들에 대한 설명력은 각각 애착 70%, 감독 13%, 처벌 9%로, 애착은 비교적 잘 설명되는 반면 감독과 처벌에 대한 설명력은 회귀분석 결과와 마찬가지로 낮은 수준이다.

두 번째 단계로, 부모의 자녀양육과 자녀의 성이 자녀의 자기통제력에 미치는 효과를 분석한 결과에 대해 살펴보자. 자녀양육이 자녀의 자기통제력 형성에 미치는 효과를 보면, 부모와의 애착(β =.38)이 높을수록 그리고 부모 감독(β =.20)이 강할수록 자녀의 자기통제력이 유의하게 높아지는 것을 알 수 있다. 따라서 "자녀의 부모에 대한 애착이 약할수록 자녀의 자기통제력도 낮을 것이다"는 <가설 3-1>과 "자녀행동에 대한 부모의 감독이 약할수록 자녀의 자기통제력도 낮을 것이다"는 <가설 3-2>는 채택되었다. 완전표준화 계수로 두 요인 간의 영향의 크기를 비교해 보면 애착 .38, 감독이 .20으로 부모와의 애착이 자녀의 자기통제력 형성에 더 큰 영향을 미치고 있었다. 그러나 회귀분석 결과와 마찬가지로 처벌의 적정성은 자녀의 자기통제력에 유의한 영향을 미치지 못하는 것으로 나타났다. 따라서 "자녀의 잘못된 행동에 대한 부모의 처벌이 적절하게 주어지지 않으면 자녀의 자기통제력도 낮을 것이다"는 <가설 3-3>은 기각되었다. 부모의 자기통제력 및 가족환경, 자녀양육 그리고 자녀의 성, 연령을 포함한 모델에서 자녀의 자기통제력에 대한 설명력은 24%로 나타났다.

〈표 4-10〉 범죄성의 세대 간 전이 과정 모형 분석 결과(n=817)

모 수	추정치	표준오차	t값	표준화계수[1]
부의 자기통제력 - 애착	.75***	.06	13.17	.71
부의 자기통제력 - 감독	.15**	.05	2.90	.13
부의 자기통제력 - 처벌	.04*	.02	1.84	.10
모의 자기통제력 - 애착	.22***	.04	4.94	.22
모의 자기통제력 - 감독	.17***	.05	3.48	.16
모의 자기통제력 - 처벌	.00	.02	-.09	.00
자녀수 - 애착	-.02	.02	-.68	-.02
자녀수 - 감독	-.02	.03	-.74	-.03
자녀수 - 처벌	-.01	.01	-.68	-.03

(계속)

모 수	추정치	표준오차	t값	표준화계수[1]
모의 취업[2] - 애착	.01	.03	.52	.02
모의 취업 - 감독	-.06*	.03	-1.92	-.07
모의 취업 - 처벌	.02	.01	1.50	.06
온전가정[3] - 애착	.08***	.03	3.09	.11
온전가정 - 감독	.08**	.03	2.83	.11
온전가정 - 처벌	.04**	.01	2.79	.13
부의 교육 - 애착	-.01	.03	-.54	-.02
부의 교육 - 감독	.13***	.03	4.42	.17
부의 교육 - 처벌	.01	.01	1.06	.05
집안형편 - 애착	.07**	.03	2.60	.10
집안형편 - 감독	.03	.03	.92	.04
집안형편 - 처벌	.03*	.01	1.95	.09
자녀 성[4] - 애착	-.02	.03	-.73	-.03
자녀 성 - 감독	.12***	.03	4.15	.15
자녀 성 - 처벌	.02	.01	1.57	.07
자녀 연령 - 애착	-.07**	.03	-2.67	-.09
자녀 연령 - 감독	.01	.03	.36	.01
자녀 연령 - 처벌	-.06***	.02	-3.67	-.20
자녀 성 - 자기통제력	.05*	.02	2.27	.10
자녀 연령- 자기통제력	.02	.02	0.92	.04
애착 - 자녀 자기통제력	.26***	.04	6.59	.38
감독 - 자녀 자기통제력	.13***	.03	4.18	.20
처벌 - 자녀 자기통제력	.02	.08	.26	.01
R^2	.24			
모형부합치	GFI = .88 AGFI = .86 NFI = .83 CFI = .87 IFI = .87			

주: 1) 완전표준화 계수(Completely Standardized Solution)임.
   2) 전업주부 0, 취업모 1
   3) 결손가정 0, 온전가정 1
   4) 남자 0, 여성 1
   5) *:$p<$ .05(단측검증), **:$p<$.01(단측검증), ***:$p<$.001(단측검증)

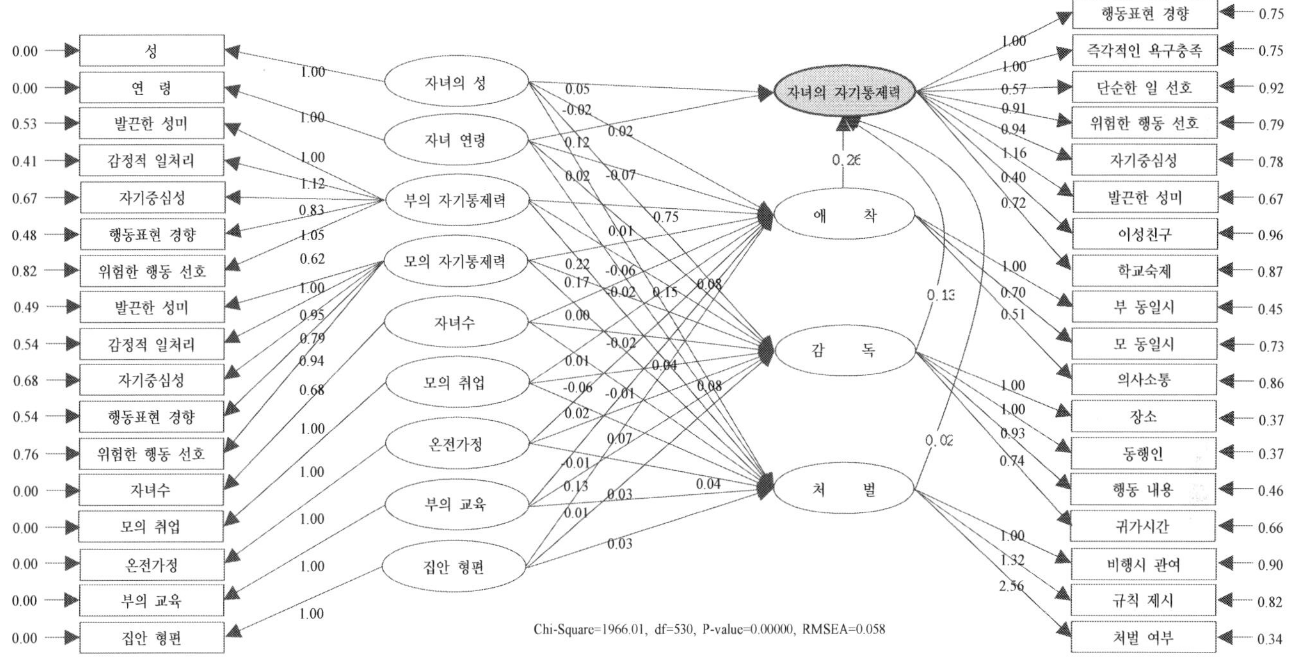

<그림 4-1> 범죄성의 세대 간 전이 과정에 대한 구조방정 모형

Chi-Square=1966.01, df=530, P-value=0.00000, RMSEA=0.058

이 모형에 투입된 모든 변수들이 자녀의 자기통제력 형성에 미치는 직접효과와 자녀양육을 매개로 하여 자기통제력에 미치는 간접효과를 분해하기 위해 경로분석을 실시하였다(<표 4-11> 참조). 그 결과를 보면, 외생변인과 매개변인을 모두 포함하여 자녀의 자기통제력에 유의한 영향을 미치는 요인은 애착(β=.38), 아버지의 자기통제력(β=.30), 감독(β=.20), 어머니의 자기통제력(β=.12), 자녀의 성(β=.12), 결손여부(β=.07), 가정형편(β=.05), 아버지의 교육수준(β=.03) 순으로 나타났다. 아버지와 어머니의 자기통제력은 자녀양육을 매개로 하여 자녀의 자기통제력에 유의한 정적 영향을 미치고 있다. 이는 아버지와 어머니의 낮은 자기통제력은 비효과적인 자녀양육을 매개로 하여 자녀의 낮은 자기통제력으로 전이된다는 자기통제이론의 주장과 일치하는 것이다. 이러한 범죄성의 세대 간 전이에서, 어머니에 비해 아버지의 자기통제력이 자녀의 자기통제력에 2배 이상 중요한 것으로 나타났다. 따라서 "세대 간 범죄성의 전이는 부모의 낮은 자기통제력이 비효과적인 자녀양육을 매개로 하여 자녀의 낮은 자기통제력으로 전이될 것이다"는 <가설 8>은 채택되었다. 자녀양육 변수에서 처벌은 자녀의 자기통제력에 유의한 영향을 미치지 못해, 외생변수가 자녀의 자기통제력 형성에 미치는 영향은 대부분 애착과 감독을 매개로 하여 이루어지고 있다는 것을 다시 한번 확인할 수 있다.

가족환경 변수 중에서 자녀양육을 매개로 하여 자녀의 자기통제력에 유의한 영향을 미치지 못하는 것은 자녀수와 어머니의 취업뿐이다. 자녀의 성은 자기통제력에 직접적으로 유의한 영향을 미칠 뿐만 아니라 자녀양육을 매개로 한 간접 영향은 그 자체로는 유의한 영향을 미치지는 못했으나, 직, 간접 효과를 합산한 전체영향의 유의도는 증가하는 것으로 나타났다. 그리고 여기서 어머니의 취업은 자녀양육기의 취업이 아닌 조사시점에서 취업으로 기대했던 효과가 발견되지 않았다. 한편, 통제변인인 자녀의 연령은 자녀양육을 통한 간접영향은 부적으로 나타났으나 자녀의 연령이 자기통제력에 미치는 직접효과가 정적으로 나타나 결과적으로 서로의 효과를 상쇄하여 총 효과는 없는 것으로 나타났다.

〈표 4-11〉 자녀의 자기통제력에 미치는 직·간접 영향 분리(n=817)

모 수	자녀의 자기통제력		
	직접영향(1)	간접영향[2](2)	전체영향(1+2)
매개변인			
부모와의 애착	.38***	-	.38***
실질적 감독	.21***	-	.21***
처벌의 적정성	.01	-	.01
외생변인			
부의 자기통제력	-	.30***	.30***
모의 자기통제력	-	.12***	.12***
자녀수	-	-.01	-.01
모의 취업	-	-.01	-.01
온전가정	-	.07***	.07***
부의 교육	-	.03*	.03*
가정형편	-	.05**	.05**
자녀의 성	.10*	.02	.12**
통제변인			
자녀 연령	.04	-.04*	.00

주: 1) 제시된 계수는 완전표준화계수이며, 통계적 유의도는 비표준화계수에 대한 검증임.
　　2) 간접영향은 외생변인이 자녀양육 변수를 통해 자녀의 자기통제력에 미치는 효과임.
　　3) *:$p<$ .05(단측검증), **:$p<$.01(단측검증), ***:$p<$.001(단측검증)

4. 전이 과정의 분석 결과에 대한 논의

자기통제이론의 주장에 따라 부모의 낮은 자기통제력이 부적절한 자녀양육을 통해 자녀세대의 낮은 자기통제력으로 대물림되어 세대 간 범죄성의 전이가 발생한다는 자기통제이론의 주장을 경험적으로 검증해 보았다. 범죄성의 세대 간 전이 과정을 분석하기 위해, 지금까지 상관관계 분석, 회귀분석, 그리고 구조방정 모형 분석을 실시하고 그 결과를 살펴보았다.

지금까지의 분석결과를 전체적으로 살펴보면, 자녀양육을 매개로 하여 부모의 범죄성이 자녀의 범죄성으로 전이된다는 자기통제이론의 주장이 경험적으로 검증되었다. 부모가 범죄성이 강할수록 자녀양육, 특히 자녀의 부모에 대한 애착이 잘 형성되지 않고 또한 자녀행동에 대한 감독이 잘 이루어지지 않는 것으로 나타났다. 그 결과 자녀는 범죄를 통제할 수 있는 자기통제력을 생성하지 못하는 것으로 나타났다. 하지만, 그 설명력의 정도는 낮은 수준은 아니지만 만족할 만한 수준에는 미치지 못하고 있다. 자기통제이론이 세대 간 범죄전이를 보다 효과적으로 설명하기 위해서는, 효과적인 자녀양육에 영향을 미치는 요인과 그리고 자녀의 자기통제력 형성에 미치는 요인에 대한 보다 체계적인 연구가 필요하다. 결국 이 과제는 자기통제력 형성의 원인을 규명하는 추가적인 연구의 필요성을 제기하는 것이며, 따라서 여기서는 본 연구의 한계와 관련해서 향후 연구의 방향에 대한 논의해 보고자 한다.

첫째로, 우선 본 연구 자료의 한계와 관련해서 부모의 자기통제력과 자녀양육 과정에 대한 보다 엄밀한 측정이 필요할 것으로 판단된다. 특히, 분석에서 활용되고 있는 자료가 자녀만을 통해 확보한 것으로, 자녀가 부모에 대한 갖는 애착 수준에 따라서 부모의 자기통제력에 대한 응답이 영향을 받을 수 있는 가능성, 즉 인지 조화 및 선택적 인지의 문제도 존재할 수 있기 때문이다. 특히, 처벌 변수는 외생변수에 의해서도 잘 설명되지 않고, 또한 다른 자녀양육 변수와는 달리 자녀의 자기통제력에도 유의한 영향을 미치지 못하는 것으로 나타났다. 상관관계 분석과 회귀분석에서도 마찬가지 결과가 나왔다. 처벌변수의 설명력이 없는 이유로 먼저 처벌의 측정의 문제를 들 수 있을 것이다. 처벌 측정 문항의 신뢰도가 매우 낮았고, 또한 회귀분석에서 처벌에 대한 설명력이 높은 외생변수가 연령으로 양육기의 처벌에 대한 측정이 이루어져야 하지만 조사 당시 처벌을 질문한 것으로 인해 타당도에도 문제가 있는 것으로 판단된다. 또한 범죄성의 세대 간 전이와 관련해서 특히 강조하고 있는 잘못된 자녀행동에 대한 부모의 인지를 측정하는 척도가 없다는 사실도 문제의 하나로 작용할 수 있었을 것이다.

따라서 부모의 범죄성을 부모에게 직접 질문하고, 자녀양육 특히 인지와 처벌에 대한 측정이 보다 정확히 이루어진다면 자녀의 자기통제력 생성 원인을 보다 효과적인 설명을 할 수 있을 것이다. 또한 자기통제이론의 저자들이 자기통제력을 행위적 측면에서 측정하는 것을 지지하고 있기 때문에, 동어반복의 문제를 최소화하면서도 행위적인 측정을 할 수 있는 척도를 개발할 필요가 있을 것이다.

둘째로, 가족의 사회경제적 지위가 자녀양육을 매개로 하여 자녀의 자기통제력에 유의한 영향을 미친다는 본 연구의 분석결과를 볼 때, 자기통제이론에서 가족의 구조적 특성을 이론모형에 포함시킬 필요가 있다고 판단된다. 또한 프랫 등(Pratt et al., 2004)의 연구에서 밝혀진 거주지역의 특성도 가족 맥락 변수로 동시에 고려할 필요가 있을 것이다. 가족의 사회경제적 지위변수나 지역사회의 특성과 같은 구조적 특성 변수들이 가족관계의 질적인 측면, 특히 자녀양육에 영향을 미치는 모형을 고려해볼 필요가 있을 것이다.

셋째로, 본 연구 자료에 포함되지 않아 분석에서 제외되었으나, 자녀가 어려서부터 드러내는 자녀의 문제행동, 성내기, 지능, 주의력 결핍 과잉행동 등의 변수를 고려할 필요가 있을 것이다. 자기통제이론에서는 자녀의 특성이 존재한다 할지라도, 자녀양육만 효과적으로 이루어진다면 이는 큰 문제가 되지 않는다는 입장을 취한다. 하지만, 자녀양육은 자녀와 부모의 상호작용이기 때문에 자녀가 어린시기에 과잉행동 등의 문제를 보일 경우 부모가 자녀양육에 많은 어려움을 겪을 가능성이 높고, 이로 인해 자녀양육에 관계없이 자녀의 자기통제력이 낮을 가능성도 충분히 있다고 여겨지기 때문이다. 기존의 경험적 연구(Sampson and Laub, 1993; Hay, 2001; Farrington, 1995)에서도 자녀의 비행에 영향을 미치는 자녀의 아동기 특성들이 자녀의 비행에 계속해서 영향을 미치는 것으로 밝혀지고 있다. 그리고 허쉬와 힌델랑(Hirschi and Hindalang 1977)이 밝혀낸 지능이 비행에 계급보다 더 강한 관계가 존재한다는 연구 결과도 이런 가능성을 시사한다. 이와 같은 자녀의 특성을 고려한다면 더 나은 설명력을 지닐 수 있을 것이다. 하지만 이런 요인을 고려할 경우, 이 요인들과 사회적 환경과의 상호작용 또한 고려되어야 할 것이다. 예컨대, 지능의 경우 타고난 특성이기도 하지만 동시에 사회적 환경의 영향을 동시에 받고 있기 때문에 생물학적 영향만을 분리하는 것은 매우 어려운 과제이고, 복잡한 연구설계와 자료수집이 요구되는 작업이다(McCord, 1991).

제3절 자기통제력이 범죄에 미치는 효과 분석

범죄성의 세대 간 전이 과정을 분석하는 것이 본 연구의 핵심 주제이기 때문에, 앞 절에서는 낮은 자기통제력을 범죄성으로 보고, 부모의 범죄성이 자녀의 범죄성으로 전이되는 과정을 분석하고 그 결과에 대해 논의하였다.

여기서는 부모와 자녀 각각의 가지통제력이 범죄에 미치는 효과를 알아보기 위해, 본 연구의 최종 모형에 대한 구조방정 분석을 실시하였다. 분석모형을 보면 앞 절에서 실시한 범죄성의 세대 간 전이 모형에서 부모 범죄와 자녀의 비행 및 범죄를 추가한 최종 모형이다. 모형이 다소 복잡한 관계로 측정모형을 제외한 잠재변인만을 포함한 구조모형만을 제시하였다(<그림 4-2> 참조). 추가된 측정변수인 부모와 자녀의 범죄 및 비행 변수는 다음과 같다. 먼저, 아버지의 범죄는 부모 범죄를 측정한 세 문항을 활용하였다. 부모범죄(1)는 부부간 폭력 및 부모의 자녀폭력 그리고 부모의 경찰에 잡힌 경험 여부로 측정되었다. 한편 어머니의 부모범죄(2)에 대한 측정모델에서는 아버지에 의한 어머니 구타 문항은 제외하고, 부모의 자녀폭력과 부모의 경찰에 잡힌 경험 여부로 측정되었다.[23] 조사대상 자녀의 자기통제력과 비행 및 범죄와의 관계도 분석에 포함되었다. 부모와는 달리, 자녀의 경우 자녀의 자기통제력과 자녀의 비행 및 범죄 관계에는 연령이라는 외생변수를 도입하였다. 자녀의 범죄는 비행[24]

---

[23] 부모범죄(2)의 '부모의 경찰에 잡힌 경험' 문항은 수렴타당도가 유의하지 않는 것으로 나타나, 측정모형에 문제가 있는 것으로 나타났다.

[24] 자녀의 비행 척도에서 비교적 가벼운 비행과 성관계, 가출과 같은 무거운

과 재산범죄 및 폭력범죄로 구성되었다.

이와 같은 측정변수로 구성된 이론적 잠재변수들 간의 관계를 보면, 아버지의 자기통제력은 부모범죄(1)에 유의한 부적 영향(β =-.59)을 미치는 것으로 나타났다. 이는 아버지의 자기통제력이 낮을수록 부부간 폭력 및 자녀구타가 더 빈번하고 이로 인한 병원치료 경험도 많고, 또한 경찰에 잡힌 경험이 더 많다는 것을 의미한다. 이 모델에 의한 부모범죄(1)에 대한 아버지 자기통제력의 설명력은 35%이다. 측정모델에서 문제가 있었으나, 어머니의 경우에도 자기통제력과 부모범죄(2) 간에 유의한 부적 관계(β =-.33, $P<.001$)가 검증되었다. 즉, 어머니의 자기통제력이 낮을수록 부모범죄(2)가 유의하게 증가하는 것으로 나타났다. 이 모델에 의한 부모 범죄에 대한 어머니 자기통제력의 설명력은 11%로 아버지에 비해 낮게 나타났다.

마지막으로 조사대상 자녀의 자기통제력과 비행 및 범죄와의 관계를 분석하였다. 자녀의 자기통제력은 태도 및 행위적 척도를 모두 포함하고 있고 자녀의 범죄는 비행과 재산범죄 및 폭력범죄로 구성되었다. 분석결과는 자기통제이론의 기대와 정확히 부합되는 결과를 보여주고 있다. 자녀의 자기통제력이 한 단위 높아질 때 자녀의 범죄는 .71씩 떨어지는 것으로 나타나 자기통제력과 범죄의 유의한 부적인 관계가 검증되었다. 이상의 아버지, 어머니 그리고 조사대상 자녀에 대한 구조방정 모형 분석결과에서 자기통제력과 범죄 간에는 모두 유의한 부적인 관계가 있는 것으로 검증되었다. 따라서 "부모와 자녀 모두 자기통제력이 낮을수록 범죄를 더 많이 저지를 것이

비행은 모두 4점 척도로 측정되었으나 내용은 서로 다르게 측정되었다. 가벼운 비행은 '전혀 없다', '1-2번', '3-4번', '5번 이상'으로 측정되었고, 무거운 비행은 '전혀 없다', '1번', '2번', '3번 이상'으로 측정되었다. 하지만, 분석의 편의상 모두 0-3점까지로 동일하게 취급하여 분석에 투입하였다.

다”는 <가설 5>는 채택되었다.

또한, 조사대상 자녀의 연령이 높을수록 10대 청소년기 자녀 범죄도 지속적으로 증가(β=.30)할 것이라는 주장도 검증되었다. 따라서 “자기통제력에 관계없이 자녀의 연령이 높을수록, 범죄나 비행을 더 많이 저지를 것이다”는 <가설 6>도 채택되었다.

〈표 4-12〉 자기통제력이 범죄에 미치는 효과에 대한
모형 분석 결과(n=817)

모 수	추정치	표준오차	t값	표준화계수[1]
부의 자기통제력 - 애착	.78***	.06	13.46	.73
부의 자기통제력 - 감독	.16**	.05	2.96	.13
부의 자기통제력 - 처벌	.04*	.02	1.82	.10
모의 자기통제력 - 애착	.21***	.04	4.77	.21
모의 자기통제력 - 감독	.17***	.05	3.37	.15
모의 자기통제력 - 처벌	-.01	.02	-.41	.00
자녀수 - 애착	-.01	.02	-.60	-.02
자녀수 - 감독	-.02	.03	-.73	-.03
자녀수 - 처벌	-.01	.01	-.70	-.03
모의 취업[2] - 애착	.01	.02	.38	.01
모의 취업 - 감독	-.06*	.03	-1.95	-.07
모의 취업 - 처벌	.02	.01	1.46	.06
온전가정[3] - 애착	.08**	.03	3.05	.11
온전가정 - 감독	.09**	.03	2.85	.11
온전가정 - 처벌	.04**	.01	2.78	.13
부의 교육 - 애착	-.01	.03	-.46	-.02
부의 교육 - 감독	.13***	.03	4.46	.17
부의 교육 - 처벌	.01	.01	.97	.04
집안형편 - 애착	.06*	.03	2.20	.08
집안형편 - 감독	.03	.03	.85	.03
집안형편 - 처벌	.03*	.01	1.89	.09

(계속)

모 수	추정치	표준오차	t값	표준화계수[1]
자녀 성[4] - 애착	-.02	.03	-.86	-.03
자녀 성 - 감독	.12***	.03	4.13	.15
자녀 성 - 처벌	.02	.01	1.56	.07
자녀 연령 - 애착	-.06**	.03	-2.48	-.09
자녀 연령 - 감독	.01	.03	.42	.02
자녀 연령 - 처벌	-.06***	.02	-3.63	-.20
자녀 성 - 자기통제력	.08***	.02	4.36	.18
자녀 연령- 자기통제력	.03	.02	1.57	.07
애착 - 자녀 자기통제력	.25***	.04	6.93	.40
감독 - 자녀 자기통제력	.13***	.03	4.68	.22
처벌 - 자녀 자기통제력	.07	.07	.99	.05
부 자기통제력- 부모 범죄1	-.73***	.06	-12.42	-.59
모 자기통제력 - 부모 범죄2	-.33***	.05	-6.99	-.33
자녀 자기통제력 - 자녀범죄	-1.22***	.12	-9.91	-.71
자녀 연령 - 자녀범죄	.23***	.03	8.47	.30
R^2	.58			
모형부합치	GFI = .86 AGFI = .84 NFI = .85 CFI = .89 IFI = .89			

주: 1) 완전표준화 계수(Completely Standardized Solution)임.
   2) 전업주부 0, 취업모 1
   3) 결손가정 0, 온전가정 1
   4) 남자 0, 여성 1
   5) *:$p<$ .05(단측검증), **:$p<$.01(단측검증), ***:$p<$.001(단측검증)

〈그림 4-2〉 자기통제력이 범죄에 미치는 효과에 대한 구조방정 모형

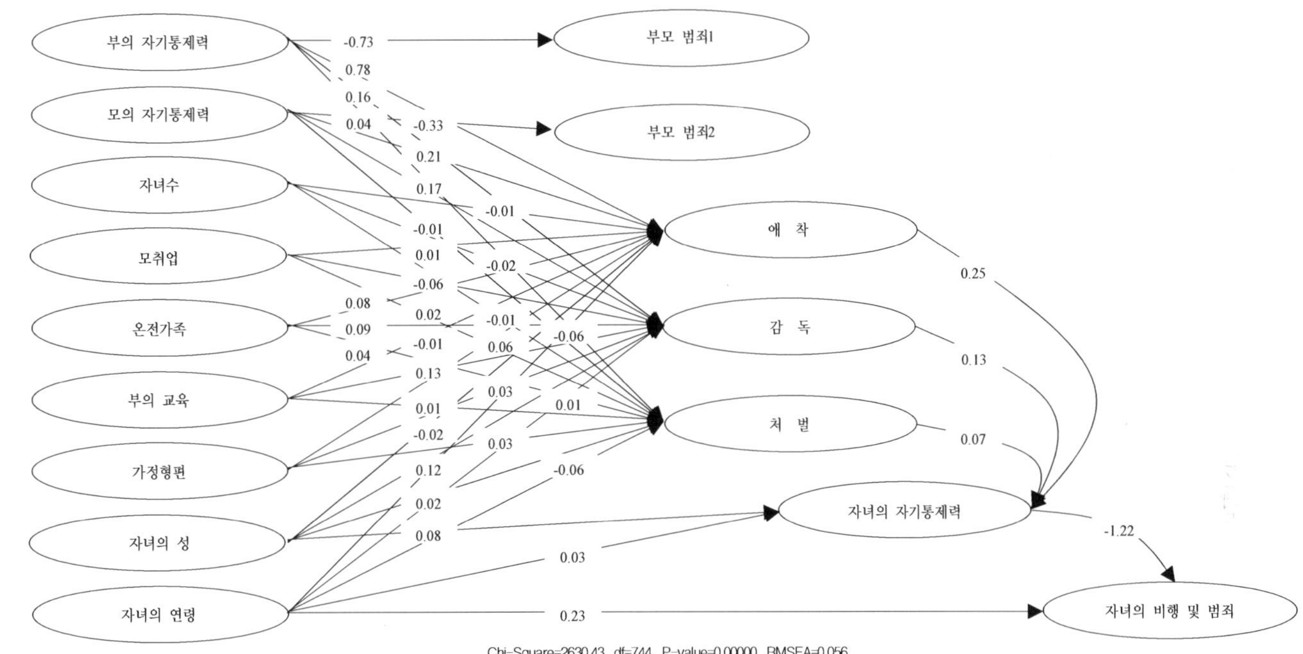

끝으로, 자녀의 비행 및 범죄를 최종 종속변수로 한 구조방정 모형에서 경로분석을 통해 직, 간접 영향을 분리하는 경로분석을 실시하였다(<표 4-13> 참조). 즉, 자녀의 비행 및 범죄에 직접적으로 미치는 영향과 자녀양육 및 자녀의 자기통제력을 매개로 하여 자녀의 비행 및 범죄에 미치는 간접효과를 분리하였다. 자녀의 비행 및 범죄에 유의한 외생변수를 그 절대적인 영향의 크기별로 보면 자녀의 자기통제력(β=-.71), 애착(β=-.28), 자녀의 연령(β=.28), 아버지의 자기통제력(β=-.23), 감독(β=-.16), 자녀의 성(β=-.15), 어머니의 자기통제력(β=-.08), 온전가정(β=-.05), 가정형편(β=-.03), 아버지의 교육(β=-.02) 순으로 나타났다.

〈표 4-13〉 자녀의 비행 및 범죄에 미치는 직·간접 영향 분리(n=817)

모 수	자녀의 비행 및 범죄		
	직접영향(1)	간접영향[2](2)	전체영향(1+2)
매개변인			
자녀의 자기통제력	-71.***	-	-.71***
애착		-.28***	-.28***
감독		-.16***	-.16***
처벌		-.03	-.03
외생변인			
부의 자기통제력	-	-.23***	-.23***
모의 자기통제력	-	-.08***	-.08***
자녀수	-	.01	.01
모의 취업	-	.01	.01
온전가정	-	-.05***	-.05***
부의 교육	-	-.02*	-.02*
가정형편	-	-.03**	-.03**
자녀의 성	-	-.15***	-.15***
자녀의 연령	.30*	-.02	.28**

주: 1) 제시된 계수는 완전표준화계수이며, 통계적 유의도는 비표준화계수에 대한 검증임.
2) 간접영향은 외생 및 매개변인이 자녀양육 및 자기통제력 변수를 통해 자녀의 자기통제력에 미치는 효과임.
3) *:$p<$ .05(단측검증), **:$p<$.01(단측검증), ***:$p<$.001(단측검증)

　여기서도 부모의 낮은 자기통제력, 즉 범죄성은 자녀양육과 자녀의 자기통제력을 매개로 하여 자녀의 비행 및 범죄에 유의한 영향을 미치고 있음을 다시 한번 확인할 수 있었다. 비행과 범죄에 가장 가까이 있는 자녀의 자기통제력을 제외하면, 부모의 자기통제력이 자녀양육 변수 및 자녀 특성 변수만큼 중요하다는 것을 알 수 있다. 즉, 가족환경 요인 중에서 부모의 범죄성 변수가 다른 가족의 인구학적 특성이나 가족의 구조적 특성에 비해 훨씬 중요하다는 것을 확인할 수 있다. 상식과 마찬가지로, 부모가 어떤 사람인가가 자녀의 비행 및 범죄에 그만큼 중요한 영향을 미친다는 것을 의미한다.

　하지만, 가족환경 변수 중에서 자녀수와 어머니의 취업을 제외한 다른 변수들은, 비록 그 영향의 정도는 크지는 않지만, 자녀양육과 자녀의 자기통제력을 매개로 해서 자녀의 비행 및 범죄에 유의한 영향을 미친다는 것을 확인할 수 있다. 그리고 자녀의 개인 특성 변수인 자녀의 성과 연령은 자녀의 비행 및 범죄에 자녀양육 변수에 버금가는 유의한 영향을 미치는 것으로 나타났다.

Ⅴ. 요약 및 결론

제 5 장
요약 및 결론

　　본 연구는 외국의 기존 경험적 연구에서 밝혀진, 특정 가족에 범죄가 집중되고 가족을 통해 부모세대에서 자녀세대로 범죄가 전이되는 현상에 주목하여 이에 대한 이론적 설명과 경험적 검증을 시도한 것이다. 본 연구에서 활용된 이론적 자원은 범죄현상의 이해에서 전통적으로 가족요인을 강조해온 통제이론에서 현재 가장 주목받고 있는 갓프레드슨과 허쉬의 자기통제이론이다. 가족을 통한 범죄성의 세대 간 전이와 관련해서, 자기통제이론은 부모의 낮은 자기통제력이 부적절한 자녀양육을 매개하여 자녀의 낮은 자기통제력으로 전이된다고 주장한다. 한편, 범죄성의 세대 간 전이에 관한 선행 연구를 검토한 결과, 범죄이론만큼이나 다양한 원인들이 세대 간 범죄전이 과정에 작용한다는 주장이 제시되고 있다. 또한 경험적 연구결과도 자기통제이론과 일치되는 연구결과와 심지어는 자녀양육을 매개하지 않고 부모의 범죄성이 자녀의 범죄성으로 직접 전이된다는 연구결과도 있었다. 하지만, 이러한 직접 전이를 주장하는 선행 연구들은 특정 이론에 기초해서 자료를 수집한 것이 아니기 때문에 자녀양육을 포괄적으로 측정하지 못하는 한계를 지닌다. 따라서 본 연구에서는 자기통제이론의 주장에 기초해서 분석틀과 가설을 제시하고, 자녀양육을 매개로 한 범죄성의 세대 간 전이 과정에 대한 경험적 검증을 시도하였다. 경험적 검증을 위해 서울 시내 중, 고등학생을 대상으로 수집한 자기기입식 설문을 통해 확보된 자료가 활용되었다.

본 연구를 통해 밝혀진 주요 분석결과를 요약하면 다음과 같다. 첫째, 종단연구가 아닌 자녀를 통한 회고적인(restropective) 방법으로 모든 측정이 이루어졌음에도 불구하고, 상관관계 분석결과에서 부모의 범죄성이 강할수록 조사대상 자녀도 범죄성이 강한 것을 확인할 수 있었다. 부모의 가족폭력 범죄 및 경찰접촉 경험은 조사대상 자녀의 모든 유형의 비행 및 범죄 경험 사이에서 유의미한 상관관계가 발견되었고, 조사대상 자녀와 그 형제자매의 비행 및 범죄 간에도 유의미한 관계가 확인되었다. 이는 범죄성이 강한 부모 밑에서 자란 자녀들이 비정상적으로 범죄에 더 많이 개입한다는 범죄성의 세대 간 전이를 경험적으로 보여주는 것이고, 동시에 특정 가족에 범죄가 집중되는 현상을 간접적으로 보여주는 결과이다.

둘째, 낮은 자기통제력이 곧 범죄성을 의미한다는 사실에 주목하여, 부모자녀 간 자기통제력의 상관관계 분석을 실시한 결과, 유의한 정적 상관관계가 발견되었다. 즉, 부모의 자기통제력이 낮을수록 자녀의 자기통제력이 낮다는 것으로 범죄성의 세대 간 전이를 보여주었다. 또한 본 연구에서 주된 관심사는 아니었지만, 외국의 선행연구에서 밝혀지고 있는 배우자 간 범죄성의 유사성을 간접적으로나마 확인할 수 있었다. 상관관계 분석 과정에서 부모의 자기통제력 간에 유의한 정적 상관관계가 발견되었는데, 이는 자기통제이론에 주장하는 유유상종의 원리에 의한 배우자 선택에서 범죄성의 동질성을 보여주는 것이다.

셋째, 범죄성의 세대 간 전이 과정을 구조방정 모형에 따라 분석한 결과를 보면, 부모의 자기통제력과 가족환경, 그리고 자녀의 성과 같은 외생변수들이 자녀양육에 미치는 효과는 자기통제이론의 예측과 대부분 일치하였다. 부모의 자기통제력이 낮을수록 자녀양육이 적절하게 이루어지지 않고, 또한 가족환경이 좋지 못할수록 자녀양육이 부적절하게 이루어지는 것으로 나타났다. 조사시점에서 어머니가 취업한 경우 전업주부에 비해 자녀에 대한 감독이 상대적으로 부실하고, 결손가정에 비해 온전가정의 자녀들이 애착의 수준이 높고, 감독과 처벌도 효과적으로 이루어지는 것으로 나타났다. 하지만, 평균 자녀수가 적어 자녀수는 부모의 자녀양육에 별다른 영향을 미치지 못하는 것으로 나타났다. 그리고 자기통제이론에서 포함하지 않았던 아버지의 학력과 가정형편은 자녀양육을 매개로 하여 자녀의 자기통제력에 정적인 영향을 미치는 것을 나타났다. 한편, 자녀의 성은 직, 간접적으로 자녀의 자기통제력에 영향을 미치는 것으로 나타났다. 부모가 아들에 비해 딸을 더 엄격하게 감독하여 자녀양육을 매개로 하여 자녀의 자기통제력에 영향을 미치고, 또한 자녀양육에 상관없이 성 그 자체 효과로 아들에 비해 딸의 자기통제력 더 높은 것으로 밝혀졌다. 이는 정확히 자기통제이론의 예측과 일치하는 결과이다. 하지만, 이들 외생변수에 의한 자녀양육에 대한 설명력은 애착을 제외하면 그리 크지 않은 것으로 밝혀졌다.

넷째, 자녀양육을 매개로 하여 부모의 낮은 자기통제력이 자녀의 낮은 자기통제력으로 전이된다는 자기통제이론 모형을 검증한 결과, 자기통제이론의 주장이 지지되는 것으로 나타났다. 부모의 자기통제력이 낮을수록 자녀양육, 특히 애착수준이 낮고, 감독이 잘 이루어지지 않는 것으로 나타났다. 다만, 처벌 변수는 별다른 유의한 영향을 미치지 못하였다. 나아가, 자녀의 부모에 대한 애착이 낮을수록,

부모의 감독이 부실할수록 자녀의 자기통제력이 낮은 것으로 나타났다. 즉, 다른 외생변수들을 통제한 상태에서도 부모의 자기통제력은 자녀양육을 매개로 하여 자녀의 자기통제력에 유의한 정적인 영향을 미치는 것으로 나타났다. 그리고 그 영향력의 절대적인 크기도 가족의 인구학적 특성이나 구조적인 변수에 비해 훨씬 더 강한 것으로 나타났다. 그리고 아버지의 자기통제력이 어머니에 비해 자녀의 자기통제력 생성에 2배 이상 강한 영향을 미치며, 자녀양육 매개 변수에서는 감독보다는 애착이 더 강한 영향을 미치는 것으로 밝혀졌다.

다섯째, 자녀의 비행 및 범죄를 종속변수로 한 최종 분석모형에서 유의한 영향을 미치는 변수를 그 절대적인 크기로 보면, 자녀의 자기통제력, 애착, 자녀의 연령, 아버지의 자기통제력, 감독, 자녀의 성, 어머니의 자기통제력, 온전가정, 가정형편, 아버지의 교육 순으로 나타났다. 부모의 낮은 자기통제력, 즉 범죄성은 자녀양육과 자녀의 자기통제력을 매개로 하여 자녀의 비행 및 범죄에 유의한 영향을 미치는 것으로 나타났다.

여섯째, 부모와 자녀 모두 자기통제력이 낮을수록 범죄를 더 많이 저지르는 것으로 나타났다. 비록 부모의 범죄행위를 경찰에 잡힌 경험과 가족폭력을 통해 측정하였으나, 어머니와 아버지 모두 자기통제력이 낮을수록 범죄를 더 많이 하는 것으로 나타났고, 자녀의 경우에도 동일하게 이 가설을 지지되는 결과를 보였다. 또한 자녀의 경우, 연령에 따라 10대 중후반까지는 연령이 증가할수록 범죄를 더 많이 저지른다는 연령 효과도 검증되었다.

이와 같은 가족을 통한 범죄성의 세대 간 전이 과정을 살펴본 연구의 결과에 비추어, 본 연구가 갖는 형사정책적 함의에 대해서 살펴보자. 첫째, 부모가 범죄성이 있는 가족에 대한 개입이 집중적으로 이루어질 필요가 있다. 자기통제력은 부모의 자녀양육을 통해 인생초기에 형성되고 이후 매우 안정적이기 때문에, 범죄성이 있는 부모를 둔 자녀에 대한 개입이 반드시 필요하다. 특히, 그들이 부모가 되기 전에 집중적인 예방과 개입이 이루어져야 한다. 이런 예방적 차원의 개입이 향후 가족을 통한 범죄의 세대 간 전이를 차단할 수 있는 방법이기 때문이다. 부모에 대한 개입은 어머니에 비해 아버지의 자기통제력이 중요하므로, 아버지를 대상으로 한 자녀양육의 중요성과 그 방법에 대한 부모교육이 더 필요하다. 둘째, 아직 부모가 되지 않은 청소년을 대상으로 한 자녀양육 방법에 대한 교육이 필요하다. 미래에 부모가 될 청소년들이 자녀를 효과적으로 양육할 수 있는 능력을 가져야 한다. 자녀가 부모에 애착을 형성하고, 부모가 자녀의 행동을 감독하고, 잘못된 행동에 대한 적절히 개입할 수 있는 능력이 있어야 한다. 그래야만 그 자녀가 범죄를 억제할 수 있는 능력, 즉 자기통제력을 형성할 수 있기 때문이다.

본 연구의 의의는 다음과 같은 점에서 찾을 수 있을 것이다. 첫째, 사회통념상 범죄의 세대 간 전이는 일반적으로 수용되고 있는 것이고, 또한 외국에서는 이미 연구가 진행된 분야임에도 불구하고 국내에서는 처음으로 이 주제가 다뤄졌다는 점에서 의의가 있을 것이다. 또한 세대 간 범죄성의 전이에 대한 외국의 선행연구에서 밝혀진 전이 실태 및 전이 과정에 대한 논의를 정리하여 소개한 점도 의의가 있을 것이다.

둘째로, 또한 기존의 범죄성의 세대 간 전이 과정에 대한 연구들이 탐색적 연구수준에 머물러 있으나, 본 연구에서는 자기통제이론에 따른 일관된 논리적 설명을 제시하고 이를 경험적으로 검증하였다는 것도 의의가 있을 것으로 판단된다. 자기통제이론에 기반을 둔

모형의 분석결과, 세대 간 범죄성의 전이를 자기통제이론이 효과적으로 설명할 수 있음을 확인하였다. 자기통제이론을 범죄성의 세대 간 전이에 처음으로 적용한 연구이고, 또한 설득력 있는 검증결과를 제시한다는 점에서 의의가 있을 것이다.

사용하고 있는 자료에서 많은 한계를 지닌 채로 본 연구는 진행되었다. 가장 심각한 문제로는 연구설계와 측정의 문제가 들 수 있다. 가족을 통한 세대 간 범죄전이를 다룬 외국의 연구들은 대부분 종단 연구설계를 기본으로 하고 있다. 또한 자료수집 대상도 범죄기록을 관리하는 공식 기관, 조사대상 가족의 부모 및 자녀, 그리고 학교 교사와 친구들 등 다양한 경로를 통해 자료를 수집한다. 이들을 대상으로 오랜 시간을 두고 정기적으로 공식 범죄 기록, 자기기입식 설문, 전문가 인터뷰 등의 다양한 자료수집 방법을 활용하여 진행된다. 하지만, 본 연구에서 활용한 자료는 단일시점에서 중, 고등학생만을 대상으로 자신과 부모의 범죄 및 가족특성을 파악한 것으로, 기존 연구 자료를 이차분석한 것으로 한계가 있다.

첫째, 모든 자료를 자녀를 통해 자기기입식의 회고적인 방법으로 수집한 것이기 때문에 자료상의 근본적인 한계를 안고 있다. 자녀가 응답 시 인지 조화 경향, 선택적 인지 그리고 기억 문제와 같은 것을 피할 수 없다는 점이다. 둘째로, 그리고 분석과정에서 나타났듯이, 부모의 범죄에 대해 자녀가 잘 알지 못하기 때문에 부모의 범죄에 대해 체계적으로 측정하지 못하고 간접적으로 자녀가 상대적으로 잘 알고 있는 가족폭력을 통해 측정해야 하는 문제가 있었다. 셋째, 척도의 문제로 자녀양육 변수에 처벌 척도는 신뢰도가 매우 낮았고, 또한 자녀의 자기통제력 측정에서 행위적 측정을 포함했으나 신뢰도와 요인부하량이 높지 않은 점도 본 연구의 한계점으로 지적되어야 할 것이다. 이와 같은 자료상의 한계를 고려해 볼 때, 한국에서도 범죄 연구 시 종단적 연구설계와 다양한 대상에 대해 여러 가지 자료수집 방법을 활용하는 연구가 반드시 필요하다고 판단된다. 외국에서 1960년대에 실시된 엄격한 연구설계에 기초한 양질의 연구 자료가 현재 범죄학이 발전에 기초가 되었다는 사실을 볼 때, 우리도 이런 연구 자료의 축적이 시급하다고 여겨진다.

분석결과가 전반적으로 자기통제이론을 지지하는 결과를 제시하고 있으나, 여전히 자기통제력 생성에 대한 설명력이 충분하지는 않다는 사실에 기초해서 향후 연구방향을 제시하였다. 첫째 자녀양육 하위 영역들에 대한 측정의 문제와 자기통제력의 행위적 측정을 위한 척도 개발 및 개선할 필요성이 지적되었다. 둘째, 가족의 사회경제적 지위와 지역공동체의 특성과 같은 가족 맥락적 변수를 자기통제이론 모형에 포함시키는 것이 필요하다. 셋째, 어려서부터 드러내는 자녀의 개인적 특성을 고려할 필요가 있다는 점을 제시하였다. 특히 어려서부터 드러내는 자녀의 문제행동, 지능, 주의력결핍 과잉행동 등을 고려할 필요가 있다.

또한, 본 연구에서는 부부간의 자기통제력의 상관관계가 높게 나타났고, 또한 형제자매가 가출 및 경찰 접촉 경험이 있는 경우, 그렇지 않은 경우에 비해 조사대상자의 비행 및 범죄가 증가하는 것을 알 수 있었다. 따라서 향후 연구에서는 범죄성의 세대 간 전이뿐 아니라 특정 가족에 범죄자 집중 현상에 관심을 기울일 필요가 있다. 이를 위해, 배우자 선택에서 자기통제력의 유사성과 형제자매 간 범죄성의 유사성에 대한 추가적인 연구가 요구된다.

참고문헌

기광도. 2001. "사회계층와 범죄행위간의 관계: 자녀양육 및 자기통
    제력의 매개변수를 중심으로." 성균관대학교 사회학과 박사학
    위 논문.

김두섭·민수홍. 1996. "개인의 자기통제력이 범죄억제에 미치는 영
    향." 한국형사정책연구원.

김현기. 2001. "연령 범죄 분포의 보편성: 한국사례를 중심으로 ."
    성균관대학교 사회학과 석사논문.

민수홍. 1995. "낮은 자기통제력의 원인과 결과." 「형사정책연구」.
    한국형사정책연구원.

______. 1996. "비행의 조기예측요인에 관한 연구." 한국형사정책연구원.

______. 1998. "가정폭력이 자녀의 비행에 미치는 영향." 한국형사정책
    연구원.

______. 2005. "낮은 자기통제력의 결과로서의 청소년비행과 학교에서
    의 징계경험." 「청소년학연구」 12(2) : 1-25. 한국청소년학회.

민수홍·정기선. 2001. 「가족과 청소년비행」. 서울특별시·자녀안
    심운동 서울협의회.

전영실. 2001. "자녀양육과 비행의 관계에 관한 연구." 이화여자대학
    교 사회학과 박사학위 논문.

Akers, R. L. 1991. "Self-Control as a General Theory of Crime."
    Journal of Quantitative Criminology 7 : 201-211.

______, 1994. *Criminological Theories: Introduction and Evaluation.* Los Angeles: Roxbury.(민수홍 · 박기석 · 박강우 · 기광도 · 전영실 역. 2000. 「범죄학이론」. 서울: 지산.)

Alexander, P. C., Moore, S., and Alexander Ⅲ, E. R. 1991. "What is in the Intergenerational Transmission of Violence?" *Journal of Marriage and Family* 53(3) : 657-667.

Arneklev, B. J., Grasmick H.G., & Bursik, R. J. 1999. "Evaluating the Dimensionality and Invariance of Low Self-Control." *Journal of Quantitative Criminology* 15 : 307-331.

Beck, A., Giliard D., Greenfield, L., Harlow, C., Hester, T., Jankowski, L., Stephan, J. and Morton, D. 1993. *Survey of State Prison Inmates, 1991.* Bureau of Justice Statistics.

Brownfield, D. and Sorenson, A. M. 1993. "Self-Control and Juvenile Delinquency: Theoretical Issue and an Empirical Assessment of Selected Elements of a General Theory of Crime." *Deviant Behavior* 14 : 243-264.

Burton V. S., Evans, T. D., Cullen, F. T., Olivares, K. M. and Dunaway, R. G. 1999. "Age, Self-Control, and Adults' Offending Behaviors: A Research Note Assessing a General Theory of Crime." *Journal of Criminal Justice* 27 : 45-54.

Burton V. S., Cullen, F. T., Evans, T. D., Alarid, L. F. and Dunaway, R. G. 1998. "Gender, Self-Control, and Crime." *Journal of Research in Crime and Delinquency* 35 : 123-147.

Cauffman, E., Steinberg, L. and Piquero, A. 2005. "Psychological, Neuropsychological and Physiological Correlates of Serious Antisocial Behavior in Adolescence : the Role of Self-control." Criminology 43(1) : 133-175.

Cochran, J. K., Wood, P. B., Sellers, C. S, Wilkerson, W., Chamlin, M. B. 1998. "Academic Dishonesty and Low Self-Control: an Empirical Test of a General Theory of Crime." *Deviant Behavior : An Interdisciplinary Journal* 19 : 227-255.

Cohn, E. G, Farrington, D. P. and Wright, R. A. 1998. "Evaluating Criminology and Criminal Justice." *Contribution in Criminology and Penology* 51 : 23-43.

Delson, C. and Margolin, G. 2004. "The Role of Family-of-Orgin Violence in Men's Marital Violence Perpetration." *Clinical Psychology Review* 24 : 99-122.

Elder, G. H., Caspi, A. and Downey, G. 1983. "Problem behavior in family relationships: A multigenerational analysis." pp. 93-118 in A. Sorensen, F. Weinert, and L. Sherrod(Eds), *Human development: Interdisciplinary perspective.* Hillsdale, NJ: Lawrence Erlbaum Associates.

Elliott, D. S. 1985. *Explaining Delinquency and Drug Use.* Beverly Hills:Sage.

Empey, L. T. 1982. *American Delinquency-Its Meaning and Construction-.* Belmont, CA. Wadsworth Publishing Company.

Evans, T. D., Cullen, F. T., Burton, V. S., Dunaway, R. G. and Benson, M. L. 1997. "The Social Consequences of Self-Control: Testing The General Theory of Crime." *Criminology* 35 : 475-504.

Farrington, P. D. 1992. *Juvenile Delinquency*. In The School Years, Doleman, J. C. (Ed). Routledge 36 : 123-163.

______, 1995. "The development of offending and antisocial behavior from childhood : key findings from Cambridge Study in Delinquent Development." *Journal of Child Psychology and Psychiatry* 36 : 929-964.

______, 2000. "Psychosocial Predictors of Adult Antisocial Personality and Adult Convictions." *Behavior Science and the Law* 18 : 605-622.

Farrington, P. D., Lambert, S. and West, D. 1998. "Criminal Careers of Two Generations of Family Members in the Cambridge Study in Delinquent Development." *Study on Crime and Crime Prevention* 7 : 85-106.

Farrington, P. D. and Loeber, R. 2000. "Some Benefits of dichotomization in Psychiatric and Criminological Research." *Criminal Behavior and Mental Health* 10 : 100-122.

Farrington, P. D., Loeber, J. D., Stouthamer-Loeber and Kalb, L. M. 2001. "Concentration of offenders in families, and family criminality in the prediction of boys' delinquency." *Journal of Adolescence* 24 : 579-596.

Ferguson, T. 1952. *The Young Delinquent in His Social Setting.* Oxford University Press.

Foshee, V. A., Bauman, K. E. and Linder, G. F. 1999. "Family Violence and the Perpetration of Adolescent Dating Violence: Examining Social Learning and Social Control Processes." *Journal of Marriage and Family* 61(2) : 331-342.

Gibbs, J. J., Giever, D. and Martin, J. S. 1998. "Parental Management and Self-Control: An Empirical Test of Gottfredson and Hirschi's General Theory." *Journal of Research in Crime and Delinquency* 35 : 40-70.

Gibbs, J. J. and Giever, D. 1995. "Self-control and Its Manifestations among University Students: An Empirical Test of Gottfredson and Hirschi's General Theory." *Justice Quarterly* 12 : 231-255.

Glueck, S. and Glueck, E. 1950. *Unraveling Juvenile Delinquency.* Cambridge, Mass: Harvard University Press.

Gottfredson, M. and Hirschi, T. 1990. *A General Theory of Crime.* Palo Alto, CA: Stanford University Press.

Grasmick, H. G., Tittle, C. R., Bursik, R. J. and Arneklev, B. J. 1993. "Testing the Core Empirical Implications of Gottfredson and Hirschi's General Theory of Crime." *Journal of Research in Crime and Delinquency* 30 : 5-29.

Hagan, J. and Palloni, A. 1990. "The Social Reproduction of Criminal Class in Working-Class London, Circa 1950-1980."

American Journal of Sociology 96(2) : 265-299.

Hay, C. 2001. "Parenting, Self-Control, and Delinquency : A Test of Self-Control Theory." *Criminology* 39(2) : 707-735.

Hirschi, T. 1969. *Causes of Delinquency*. Berkeley: University of California

______, 1979. "Separate and unequal is the better." *Journal of Research in Crime and Delinquency* 16 : 34-38.

______, 1983. "Crime and the Family." In Wilson, J.Q.(eds). *Crime and Public Policy*. San Francisco: Institute for Contemporary Studies Press.

______, 2005. "트리비스 허수 교수 초청강연회 자료집." 한국형사정책연구원.

Hirschi, T. and Gottfredson, M. 1993. "Commentary: Testing the General Theory of Crime." *Journal of Research in Crime and Delinquency* 30 : 47-54.

Hirschi, T. and Gottfredson, M. 2000. "In Defense of Self-control." *Theoretical Criminology* 4(1) : 55-69.

Hirschi, T and Hindelang, M. J. 1997. "Intelligence and Delinquency: A Revisionist Review." *American Sociological Review* 42 : 571-587.

Kalmuss, D. 1984. "The intergenerational Transmission of Marital Aggression." *Journal of Marriage and Family* 46(1) : 11-19.

Keane, C., Maxim, P. S. and Teevan, J. J. 1993. "Drinking and Driving, Self-Control, and Gender: Testing General Theory of Crime." *Journal of Research in Crime and Delinquency* 30 : 30-46.

Kornhauser, R. H. 1978. *Social Sources of Delinquency: An Appraisal of Analytic Models.* Chicago: University of Chicago.

LaGrange, T. C. and Silverman, R. A. 1999. "Low Self-control and Opportunity: Testing the General Theory of Crime as an Explanation for Gender Differences in Delinquency." *Criminology* 37 : 41-72.

Larzelere, R. E. and Patterson, G. R. 1990. "Parental Management: Mediator of the Effect of Socioeconomic status on Early Delinquency." *Criminology* 28 : 301-324.

Longshore, D. and Turner, S. 1998. "Self-Control and Criminal Opportunity: Cross-Section Test of the General Theory of Crime." *Criminal Justice and Behavior* 25 : 81-98.

Longshore, D., Turner, S. and Stein, J. A. 1996. "Self-Control in a Criminal Sample: An Examination of Construct Validity." *Criminology* 34 : 209-228.

Matsueda, R. 1982. "Testing Control Theory and Differential Association: A Causal Modeling Approach." *American Sociological Review* 47 : 489-504.

McCord, J. 1991. "Family Relationships, Juvenile Delinquency, and Adult Criminality." *Criminology* 29 : 397-417.

Patterson, G. R. 1982. *Coercive Family Process.* Eugene. Oregon: Castalia.

Patterson, G. R., and Bank, L. 1989. "Some amplifying mechanisms for pathologic processes in families." In M. R. Gunnar and E. Thelen(Eds), *System and developmemnt: The Minnesota Symposia on Child Psychology* 22 : 167-209. Hillsdale, NJ: Lawrence Erlbaum Associates.

Patterson, G. R., Reid, J. R. and Dishion, T. J. 1992. *"Antisocial Boys."* Castalia Publishing Co.

Perrone, D., Sullivan, C. S. and Margaryan, S. 2004. "Parental Efficacy, Self-Control, and Delinquency: A Test of a General Theory of Crime on a Nationally Representative Sample of Youth." *International Journal of Offender Therapy and Comparative Criminology* 48(3) : 298-312.

Polakowski, M. 1994. "Linking Self- and Social Control with Deviance: Illuminating the Structure Underlying a General Theory of Crime and its Relation to Deviant Activity." *Journal of Quantitative Criminology* 10 : 41-78.

Pratt, T. C. and Cullen, F. T. 2000. "The Empirical Status of Gottfredson and Hirschi's General Theory of Crime: A Meta-analysis." *Criminology* 38 : 931-964.

Pratt, Turner and Piquero. 2004. "Parental Socialization and Community Context: a Longitudinal Analysis of the Structural Sources of Low Self-Control." *Journal of Research in Crime and Delinquency* 41(3) : 219-243.

Reed, G. E. and Yeager, P. C. 1996. "Organizational offending and neoclassical criminology: Challenging in the reach of a general theory of crime." *Criminology* 34 : 357-382.

Reiss, A. J. and Farrington, D. P. 1991. "Advancing Knowledge about Co-offending : Results from a Prospective Longitudinal Survey of London Males." *The Journal of Criminal Law and Criminology* 82 : 360-395.

Rowe, D. D. and Farrington, D. P. 1997. "The Familial transmission of criminal Conviction." *Criminology* 35 : 177-201.

Sampson, R. J. and Laub J. H. 1993. *Crime in the Making: Pathways and Turning Points through Life.* Cambridge: Harvard University Press.

Schreck, C. J. 1999. "Criminal Victimization and Low Self-Control : An Extension and Test of a General Theory of Crime." *Justice Quarterly* 16(3) : 633-654.

Sellers, C. S. 1999. "Self-Control and Intimate Violence: An Examination of the Scope and Specification of the General Theory of Crime." *Criminology* 37 : 375-404.

Taylor, C. 2001. "The Relationship between Social and Self-control : Tracing Hirschi's Criminological Career." *Theoretical Criminology* 5(3) : 369-388.

Tittle, C. R. 1991. Book Review. *American Journal of Sociology* 96(6) : 1609-1611.

Turner, M. G. and Piquero, A. R. 2002, "The Stability of

Self-Control." *Journal of Criminal Justice* 30 : 457-471.

Vazsonyi, A., Pickering, L. E., Junger, M. and Hessing, D. 2001. "An Empirical Test of a General Theory of Crime: A Four-Nation Comparative Study of Self-Control and the Prediction of Deviance." *Journal of Research in Crime and Delinquency* 38(2) : 91-131.

Walmsley, R., Howard, L. and White, S. 1992. *The National Prison Survey, 1991.* London: Her Majesty's Stationary Office.

West, D. J. and Farrington, D. P. 1977. *The Delinquent Way of Life.* London: Heinemann.

Wilson, H. 1987. "Parental supervision re-examined." *British Journal of Criminology* 27 : 275-301.

부 록

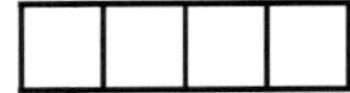

청소년기 가족관계에 대한 설문조사

안녕하십니까?

저희 자녀안심운동 서울협의회는 자발적인 청소년보호운동을 다각적으로 전개하고, 현실성 있는 정책대안을 제시하기 위하여 지난 1999년에 설립된 공익기관입니다.

올해 저희 기관에서는 청소년기 가족관계에 대한 여러분의 의견을 수렴하여, 가족관계 실태 및 가족사업 추진방향을 수립하고자 다음과 같이 설문조사를 실시하고자 합니다. 각 설문의 응답은 맞고 틀리는 것이 없으며, 조사에서 얻어진 결과는 오직 연구목적만을 위해 사용되며 통계법에 의해 절대 비밀이 보장됩니다.

여러분께서 응답해주신 내용은 더 나은 학교환경과 사회환경을 만드는 데 유용한 자료로 활용될 것입니다. 끝까지 읽고 솔직하게 응답하여 주시기 바랍니다. 감사합니다.

2001. 10.
자녀안심운동 서울협의회

연락처: 서울시 강남구 삼성동 157번지 동양금융센터빌딩 14층 자녀안심하고 학교보내기운동 서울협의회(전화 530-3631, 2)

※ 다음의 설문을 읽으시고, 해당되는 응답번호에 v표를 하거나 그
  내용을 적어 주시기 바랍니다.

**1. 다음은 여러분의 <u>가족관계</u>에 대해 묻겠습니다. 해당되는 곳에 ∨
표를 해주십시오.**

---

① 매우 그렇다 ② 약간 그렇다 ③ 약간 그렇지 않다 ④ 전혀 그렇지 않다

---

(1) 부모는 나를 자랑스러워하신다
  ① ② ③ ④

(2) 부모는 나를 믿을 만한 아이라고 생각하신다
  ① ② ③ ④

(3) 부모는 나에게 큰 기대를 갖고 계신다
  ① ② ③ ④

(4) 부모는 내가 어렵고 힘들 때 힘이 되어주신다
  ① ② ③ ④

(5) 부모와 나는 관계가 좋은 편이다
  ① ② ③ ④

(6) 집안 식구들 중 누구도 나에게 관심을 보이지 않는다
  ① ② ③ ④

(7) 우리 식구들은 나를 문제아로 생각한다
  ① ② ③ ④

(8) 나는 집에서 원치 않는 사람이라는 생각이 가끔 든다
  ① ② ③ ④

⑼ 내가 없어진다면 우리 가족은 더욱 행복해질 것이다
　　①　　　②　　　③　　　④

⑽ 부모는 나보다 다른 형제를 더 좋아하신다
　　①　　　②　　　③　　　④

⑾ 부모는 나보다 다른 형제에게 더 큰 기대를 하신다
　　①　　　②　　　③　　　④

⑿ 부모는 나와 다른 형제를 항상 비교하신다
　　①　　　②　　　③　　　④

⒀ 나는 다른 형제가 차라리 없었으면 하고 생각할 때가 있다
　　①　　　②　　　③　　　④

⒁ 나는 나의 장래에 대해 부모와 상의하는 편이다
　　①　　　②　　　③　　　④

⒂ 나는 학교생활에 대해 부모와 자주 이야기한다
　　①　　　②　　　③　　　④

⒃ 부모와 나는 무엇이든 허물없이 얘기한다
　　①　　　②　　　③　　　④

⒄ 부모는 내가 잘못을 저질러도 별로 상관 않고 넘어간다
　　①　　　②　　　③　　　④

⒅ 부모는 내가 하지 말아야 할 행동에 대해 규칙을 정해주신다
　　①　　　②　　　③　　　④

⒆ 부모는 내가 잘못을 저지르면 그 정도에 따라 적절하게 꾸중
이나 벌을 주신다
　　①　　　②　　　③　　　④

⒇ 부모는 내가 같은 잘못을 저질러도 기분에 따라 벌을 주신다
　　①　　　②　　　③　　　④

2. 다음은 여러분의 <u>아버지</u>에 대해 묻겠습니다 여러분의 아버지에 대해서 느끼는 생각을 솔직히 적어 주십시오.

① 매우 그렇다 ② 약간 그렇다 ③ 약간 그렇지 않다 ④ 전혀 그렇지 않다

(1) 다른 사람이 우리 아버지이었으면 좋겠다
　　①　　　②　　　③　　　④

(2) 나는 아버지에게 불만이 많다
　　①　　　②　　　③　　　④

(3) 아버지에 대해서 나는 매우 화가 난다
　　①　　　②　　　③　　　④

(4) 나는 아버지를 자랑스럽게 생각한다
　　①　　　②　　　③　　　④

(5) 나는 아버지를 진정으로 믿고 의지한다
　　①　　　②　　　③　　　④

(6) 나는 아버지를 좋아하지 않는다
　　①　　　②　　　③　　　④

(7) 아버지는 화가 나면 물불을 가리지 않는다
　　①　　　②　　　③　　　④

(8) 아버지는 모든 일을 기분 나는 대로 처리하신다
　　①　　　②　　　③　　　④

(9) 아버지는 주위 사람의 불편에 신경 쓰지 않는다
　　①　　　②　　　③　　　④

(10) 아버지는 말보다 주먹이 앞선다
　　①　　　②　　　③　　　④

⑾ 아버지는 위험하고 짜릿한 활동을 즐기는 편이다
　　① 　　　② 　　　③ 　　　④

3. 다음은 여러분의 <u>어머니</u>에 대해 묻겠습니다 여러분의 어머니에 대해서 느끼는 생각을 솔직히 적어 주십시오

① 매우 그렇다 ② 약간 그렇다 ③ 약간 그렇지 않다 ④ 전혀 그렇지 않다

⑴ 다른 사람이 우리 어머니이었으면 좋겠다
　　① 　　　② 　　　③ 　　　④

⑵ 나는 어머니에게 불만이 많다
　　① 　　　② 　　　③ 　　　④

⑶ 어머니에 대해서 나는 매우 화가 난다
　　① 　　　② 　　　③ 　　　④

⑷ 나는 어머니를 자랑스럽게 생각한다
　　① 　　　② 　　　③ 　　　④

⑸ 나는 어머니를 진정으로 믿고 의지한다
　　① 　　　② 　　　③ 　　　④

⑹ 나는 어머니를 좋아하지 않는다
　　① 　　　② 　　　③ 　　　④

⑺ 어머니는 화가 나면 물불을 가리지 않는다
　　① 　　　② 　　　③ 　　　④

⑻ 어머니는 모든 일을 기분 나는 대로 처리하신다.
　　① 　　　② 　　　③ 　　　④

⑼ 어머니는 주위 사람의 불편에 신경 쓰지 않는다.
①   ②   ③   ④

⑽ 어머니는 말보다 주먹이 앞선다
①   ②   ③   ④

⑾ 어머니는 위험하고 짜릿한 활동을 즐기는 편이다
①   ②   ③   ④

4. 다음은 <u>여러분</u> 자신에 대해서 묻습니다 해당되는 곳에 ∨표를 해주십시오

① 매우 그렇다 ② 약간 그렇다 ③ 약간 그렇지 않다 ④ 전혀 그렇지 않다

⑴ 나는 말보다 주먹이 앞선다
①   ②   ③   ④

⑵ 나는 내일 시험이 있어도 당장 재미있는 일이 있다면 우선 그
일을 하고 본다
①   ②   ③   ④

⑶ 나는 일이 힘들고 복잡해지면 곧 포기한다
①   ②   ③   ④

⑷ 나는 위험하고 짜릿한 활동을 즐기는 편이다
①   ②   ③   ④

⑸ 나는 사람을 놀리거나 괴롭히는 일이 재미있다
①   ②   ③   ④

⑹ 나는 화가 나면 물불을 가리지 않는 편이다
①   ②   ③   ④

5. 이성친구를 사귀어 본 경험이 있습니까?___⓪ 없다 ___① 있다

5-1. (있다면) 몇 살 때 처음 사귀었습니까?　만 ___세

6. 학교숙제를 어떻게 합니까?

(현재 학교에 다니지 않으면 다녔을 때를 생각해서 답하시오)

___① 항상 한다 ___② 했다가 안 했다가 한다 ___③ 거의 안한다

7. 다음은 <u>가정의 분위기</u>를 나타내는 문항들입니다. 여러분의 집 분위기와 일치하는 곳에 ∨표를 해주십시오.

---

① 매우 그렇다 ② 약간 그렇다 ③ 약간 그렇지 않다 ④ 전혀 그렇지 않다

---

(1) 우리 집 식구들은 서로 잘 돕는다
　① 　　② 　　③ 　　④

(2) 우리 집 식구들은 서로 사랑한다
　① 　　② 　　③ 　　④

(3) 우리 집 식구들은 함께 있으면 즐겁다
　① 　　② 　　③ 　　④

(4) 우리 집 식구들은 서로 믿는다
　① 　　② 　　③ 　　④

(5) 우리 집 식구들은 서로 의논하여 일을 처리한다
　① 　　② 　　③ 　　④

8. 여러분의 부모 <u>사이</u>에 다음과 같은 일이 일어난 적이 있습니까?
있다면, 얼마나 자주 있습니까? 해당되는 곳에 ∨표를 해주십시오

⑴ 부모가 서로에게 욕설을 한 적이 있습니까?
___①전혀없다 ___②거의없다 ___③가끔 있다 ___④자주 있다

⑵ 아버지가 어머니를 때린 적이 있습니까?
___①전혀없다 ___②거의없다 ___③가끔 있다 ___④자주 있다

⑶ 어머니가 아버지에게 맞아 병원 치료를 받은 적이 있습니까?
___⓪ 없다   ___① 있다

9. <u>여러분이 부모로부터 다음과 같은 일을 겪은 적이 있습니까? 있다
면, 얼마나 자주 있습니까? 해당되는 곳에 ∨표를 해주십시오</u>

⑴ 부모로부터 심한 욕설을 들은 적이 있습니까?
___①전혀없다 ___②거의없다 ___③가끔 있다 ___④자주 있다

⑵ 부모에게 심하게 구타당한 적이 있습니까?
___①전혀없다 ___②거의없다 ___③가끔 있다 ___④자주 있다

⑶ 부모한테 맞아서 병원 치료를 받은 적이 있습니까?
___⓪ 없다   ___① 있다

10. 다음은 가족에서 일어날 수 있는 일들입니다 여러분 <u>가족이 경험한 것</u>을 모두 표시하시고, 여러분이 <u>몇 살 때</u> 그런 일이 있었는지 적어주십시오 여러 번 있었다면, '<u>처음</u>' 일어난 때를 적어주십시오

⑴ 부모가 별거하신 적이 있습니까?____◎ 없다   ____① 있다
(직장관계로 별거한 경우 제외)
1-1) (있다면) 여러분이 몇 살 때였습니까? 만 ______세

⑵ 아버지께서 가출하신 적이 있습니까?____◎ 없다 ____① 있다
2-1) (있다면) 여러분이 몇 살 때였습니까? 만 ______세

⑶ 어머니께서 가출하신 적이 있습니까?____◎ 없다 ____① 있다
3-1) (있다면) 여러분이 몇 살 때였습니까? 만 ______세

⑷ 부모가 이혼하신 적이 있습니까?____◎ 없다   ____① 있다
4-1) (있다면) 여러분이 몇 살 때였습니까? 만 ______세

⑸ 부모가 재혼한 적이 있습니까?____◎ 없다   ____① 있다
5-1) (있다면) 여러분이 몇 살 때였습니까? 만 ______세

⑹ 부모 중 오랜 기간 동안 아프셔서 가족을 제대로 돌보지 못한 적이 있습니까?____◎ 없다 ____① 있다
6-1) (있다면) 여러분이 몇 살 때였습니까? 만 ______세

⑺ 아버지께서 실직한 적이 있습니까?____◎ 없다   ____① 있다
7-1) (있다면) 여러분이 몇 살 때였습니까? 만 ______세

⑻ 아버지와 어머니의 사이가 매우 나빠진 적이 있습니까?
◎ 없다 ____① 있다
8-1) (있다면) 여러분이 몇 살 때였습니까? 만 ______세

⑼ 부모께서 사업에 실패한 적이 있습니까? ____◎ 없다 ____①있다
9-1) (있다면) 여러분이 몇 살 때였즙니까? 만 ______세

11. 다음은 여러분이 집 밖에 있을 때, 부모가 여러분에 대해 얼마나 잘 알고 계신지를 묻고자 합니다 해당되는 곳에 ∨표를 해주십시오

① 전혀 모르신다	② 가끔 아신다	③ 대부분 아신다

⑴ 집 밖에 있을 때, 부모는 내가 어디에 있는지 아신다
　　①　　　②　　　③

⑵ 집 밖에 있을 때, 부모는 내가 누구와 함께 있는지 아신다
　　①　　　②　　　③

⑶ 집 밖에 있을 때, 부모는 내가 어떤 행동을 하는지 아신다
　　①　　　②　　　③

⑷ 집 밖에 있을 때, 부모는 내가 언제 돌아올지를 알고 계신다
　　①　　　②　　　③

12. 여러분은 <u>지난 1년간</u> 다음과 같은 행동을 한 적이 있습니까?

있다면, 몇 번이나 그런 적이 있는지 해당되는 곳에 ∨표를 해주십시오
(분류심사원이나 소년원에 수감 중인 경우에는 <u>**수감되기 1년 동안**</u> 경험을 말해주십시오)

◎ 전혀 없다	① 1-2 번	② 3-4 번	③ 5 번 이상

⑴ 술집에 출입한 적이 있습니까?
　　◎　　　①　　　②　　　③

⑵ 담배를 피운 적이 있습니까?
　　◎　　　①　　　②　　　③

(3) 부모의 허락 없이 외박한 적이 있습니까?
　ⓞ　　　①　　　②　　　③

(4) 특별한 이유 없이 학교에 가지 않은 적이 있습니까?
　ⓞ　　　①　　　②　　　③

(5) 비디오방에 출입한 적이 있습니까?
　ⓞ　　　①　　　②　　　③

(6) 포르노물(잡지, 비디오, 인터넷사이트)을 본 적이 있습니까?
　ⓞ　　　①　　　②　　　③

(7) 채팅 등을 통해 음란한 대화를 한 적이 있습니까?
　ⓞ　　　①　　　②　　　③

13. 여러분은 <u>지금까지</u> 살면서 다음과 같은 행동 또는 경험을 한 적이 있습니까?

◎ 전혀없다	① 한 번	② 두 번	③ 세 번 이상

(1) 형제 외의 다른 사람을 심하게 때린 적이 있습니까?
　ⓞ　　①　　②　　③

(2) 위협하거나 폭력을 써서 남의 돈이나 물건을 강제로 빼앗은 적이 있습니까?
　ⓞ　　　①　　　②　　　③

(3) 흉기를 가지고 다닌 적이 있습니까?
　ⓞ　　　①　　　②　　　③

(4) 가게에서 물건을 훔친 적이 있습니까?
　ⓞ　　　①　　　②　　　③

⑸ 다른 사람의 물건이나 현금을 훔친 적이 있습니까?
　ⓞ　　①　　②　　③

⑹ 다른 사람을 속여서 남의 물건이나 돈을 얻은 적이 있습니까?
　ⓞ　　①　　②　　③

⑺ 학교시설이나 다른 공공시설(공중전화 등)을 일부러 망가뜨린 적이 있습니까?
　ⓞ　　①　　②　　③

⑻ 다른 사람의 물건(자동차 등)을 일부러 망가뜨린 적이 있습니까?
　ⓞ　　①　　②　　③

⑼ 성관계를 가진 적이 있습니까?
　ⓞ　　①　　②　　③

⑽ 가출을 한 적이 있습니까?
　ⓞ　　①　　②　　③

⑾ 학교에서 근신이나 정학처분을 받은 적이 있습니까?
　ⓞ　　①　　②　　③

⑿ 돈을 받고 성관계를 가진 적이 있습니까?
　ⓞ　　①　　②　　③

14. 여러분은 경찰에 잡힌 적이 있습니까? 있다면 몇 번 잡혔습니까?
　___ⓞ 전혀없다 ___① 한 번 ___② 두 번 ___③ 세 번 이상
　14-1. (경찰에 잡힌 적이 있다면) 처음 경찰에 잡혔을 때는 언제 입니까? 만___세

15. 부모께서 경찰에 잡힌 적이 있습니까(교통 법규 위반은 제외)?
　___ⓞ 없다 ___① 있다

16. 형제(자매)가 가출한 적이 있습니까?

　　____⓪ 없다 ____① 있다

17. 형제(자매)가 경찰에 잡힌 적이 있습니까?

　　____⓪ 없다 ____① 있다

18. 여러분의 가까운 친구들 중 경찰에 붙잡힌 사람이 있습니까?

　　____⓪ 전혀 없다____① 한 명____② 두 명____③세 명 이상

19. 여러분은 <u>지난 1년간</u> 다음의 일을 당한 적이 있습니까? 있다면 몇 번이나 그런 일이 있습니까?

⓪ 전혀없다	① 한 번	② 두 번	③ 세 번 이상

(1) 누군가 여러분의 물건을 일부러 망가뜨린 적이 있습니까?
　　⓪　　　① 　　 ② 　　　③

(2) 누군가 여러분의 물건이나 돈을 훔쳐간 적이 있습니까?
　　⓪　　　① 　　 ② 　　　③

(3) 누군가에게 물건이나 돈을 빼앗긴 적이 있습니까?
　　⓪　　　① 　　 ② 　　　③

(4) 가족 외 다른 사람에게 맞거나 협박을 당한 적이 있습니까?
　　⓪　　　① 　　 ② 　　　③

(5) 친구들로부터 왕따를 당한 적이 있습니까?
　　⓪　　　① 　　 ② 　　　③

20. 여러분과 가족 전반에 대한 질문입니다. 해당되는 곳에 ∨표를 하거나, 내용을 적어주십시오

⑴ 성별 ______ ① 남자 ______ ② 여자

⑵ 태어난 해는 언제입니까? 19 ______년도
(실제 태어난 연도를 기준으로)

⑶ 친아버지가 계십니까?
______ ① 계시고 함께 살고 있다 ______③ 안계신다
______ ② 계시지만 함께 살고 있지 않다

⑷ 친어머니가 계십니까?
______① 계시고 함께 살고 있다 ______③ 안계신다
______② 계시지만 함께 살고 있지 않다

⑸ 형제관계는 어떻습니까?______남 ______녀 중 ___번째 출생

⑹ 아버지는 현재 직업이 있으십니까? 다음 중 해당되는 곳에 ∨
표를 해주십시오
______① 현재 직업이 없다
______② (가족 외 1인 이상 직원을 두고 있는) 사업주
______③ (가족끼리만 하는) 자영업주
______④ 안정적으로 고용된 직장인
______⑤ 시간당 또는 임시로 고용된 직장인
______⑥ 아버지가 안 계신다

⑺ 어머니께서 지난 1년간 집 밖에서 일을 하신 적이 있습니까?
______⓪ 없다 ______① 있다

　7-1) 일을 하신다면 하루에 몇 시간이나 일을 하십니까?
____① 4시간 미만 ____② 4 - 8시간____③ 8시간 이상

⑻ 현재 살고 있는 집에는 방이 몇 개 있습니까?______개

⑼ 현재 같이 살고 있는 사람은 모두 몇 명입니까?______명

⑽ 지난 5년간(1996년 이후) 여러분 집은 ______번
   몇 번이나 이사를 다녔습니까? (없으면 0번)

⑾ 현재 살고 있는 집은 자기집입니까? 셋집입니까?
   ______① 자기집   ______③ 월세
   ______② 전세   ______④ 기타 (무엇:)

⑿ 가정형편은 어느 정도라고 생각됩니까?
   ______① 잘 사는 편   ______④ 다소 어려운 편
   ______② 다소 여유 있는 편   ______⑤ 매우 어려운 편
   ______③ 보통이다

⒀ 여러분의 가정은 국가로부터 보호를 받는 생활보호대상 가구
   입니까?
   ______⓪ 아니다______① 그렇다

⒁ 친부모는 어디까지 학교를 다니셨습니까?
   ㈎   ㈏
   아버지 어머니
   ______ ______ ① 무학
   ______ ______ ② 국민학교 졸업 또는 중퇴
   ______ ______ ③ 중학교 졸업 또는 중퇴
   ______ ______ ④ 고등학교 졸업 또는 중퇴
   ______ ______ ⑤ 초급, 전문대학(2년제) 졸업 또는 중퇴
   ______ ______ ⑥ 4년제 대학 졸업 또는 중퇴
   ______ ______ ⑦ 대학원이상

◑ 응답해 주셔서 감사합니다. ◑

· 저자 ·

이희길　· 약　력 ·
李熙吉　성균관대학교 사회학과 박사
　　　　청소년 희망재단(구 자녀안심운동 서울협의회) 사업팀장
　　　　통계청 통계개발원 사무관(사회통계실)

· 주요논저 ·
「연구논문」

「가정환경이 자녀비행에 미치는 효과분석: 자녀양육의 매개과정을 중심으로」,
2004. 한국형사정책연구원(공저)
「부모의 양육방식이 자녀비행에 미치는 효과분석」, 2002. 한국교정학회(공저)

『저서』

『청소년 보호백서』, 2002. 청소년보호위원회(공저)

자녀양육을 매개로 한
범죄성의 세대 간 전이

· 초판 인쇄	2007년 10월 31일
· 초판 발행	2007년 10월 31일
· 지 은 이	이희길
· 펴 낸 이	채종준
· 펴 낸 곳	한국학술정보㈜
	경기도 파주시 교하읍 문발리 526-2
	파주출판문화정보산업단지
	전화　031) 908-3181(대표) · 팩스　031) 908-3189
	홈페이지　http://www.kstudy.com
	e-mail(출판사업부)　publish@kstudy.com
· 등　　록	제일산-115호(2000. 6. 19)
· 가　　격	12,000원

ISBN　978-89-534-7701-8 93300 (Paper Book)
　　　　978-89-534-7702-5 98300 (e-Book)